Michael C. Schneider / Winfried Süß

Keine Volksgenossen

Studentischer Widerstand der Weißen Rose

the White Rose

Herausgeber: Rektoratskollegium der Ludwig-Maximilians-Universität München

Redaktion: Pressereferat der Ludwig-Maximilians-Universität München,
Geschwister-Scholl-Platz 1, 8000 München 22, Leitung: Dietmar Schmidt, Redaktionsassistenz: Ursula Haubner

Autoren: Winfried Süß, Michael C. Schneider

Englische Übersetzung: George Low

Umschlag: Dirk Welich

Bildnachweis: Nr. 1, 2: Anneliese Knoop-Graf, Bühl; Nr. 3, 4: Clara Huber, München; Nr. 5: Dr. Marie-Luise Schultze-Jahn, Bad Tölz; Nr. 6, 7: Dr. Michael Probst, Seefeld–Hechendorf; Nr. 8, 9: Dr. Erich Schmorell, München; Nr. 10, 11, 12, 13: Copyright: Geschwister Scholl Archiv, Rotis; Nr. 14: Universitätsarchiv München; Nr. 15: Kartographie: Institut für Wirtschaftsgeographie der Universität

1993
ISBN 3–922480–08–X

Schutzgebühr: DM 5,––

Druck: Kirmair Offsetdruck GmbH, München

INHALTSVERZEICHNIS

INDEX
(Translation)

Vorwort

Zum 50. Mal jährt sich jener 18. Februar 1943, an dem Hans und Sophie Scholl Flugblätter, in denen die Studenten zum Widerstand gegen das nationalsozialistische Regime aufgerufen wurden, im Lichthof der Ludwig–Maximilians–Universität verteilten. Dabei wurden sie beobachtet, festgehalten, der Gestapo ausgeliefert, vom Volksgerichtshof zum Tode verurteilt und am 22. Februar durch das Fallbeil hingerichtet. Die Mitkämpfer der Geschwister, Willi Graf, Christoph Probst, Alexander Schmorell sowie Professor Kurt Huber, die gemeinsam mit ihnen das Zentrum des studentischen Widerstands der „Weißen Rose" bildeten, erlitten das gleiche Schicksal. Hans Konrad Leipelt, der mit anderen den Kampf der „Weißen Rose" fortsetzte, wurde im Herbst des folgenden Jahres festgenommen und am 29. Januar 1945 in den Tod geschickt.

Hochschullehrer und Studierende reagierten in ihrer sichtbaren Mehrheit auf die Verhaftung und Hinrichtung der Widerstandskämpfer in einer öffentlich lauthals zustimmenden Weise, die uns heute als Angehörige der Ludwig–Maximilians–Universität beschämt. Daß allerdings das Denken und Handeln dieser Mehrheit den Widerstand jener nicht unterdrücken konnte, die zur „Brechung des nationalsozialistischen Terrors aus der Macht des Geistes" aufriefen, zeigen die „Blätter der Weißen Rose". Sie sind Grund dafür, daß uns nicht allein Scham beim Gedanken an die Universität zwischen 1933 und 1945 beherrschen muß.

Unmittelbar nach dem Krieg setzte an der Universität und darüber hinaus das Gedenken an die „Weiße Rose" ein. Im Herbst 1945 würdigte Romano Guardini ihren „Kampf für die Freiheit des Geistes und die Ehre des Menschen". Feierstunden in den kommenden Jahren folgten, die später durch Gedächtnisvorlesungen abgelöst wurden. Die Benennung zweier Plätze vor dem Hauptgebäude, der Name eines Instituts, eines Literaturpreises, mehrerer Schulen erinnern an den Widerstand der „Weißen Rose" und einige ihrer Mitglieder. Denkmäler am Eingang des Hauptgebäudes und im Lichthof rufen das häufige Gedenken beim Aufmerksamen wach. Dennoch ist es Hochschulangehörigen – insbesondere den Studentinnen und Studenten – vielfach nicht bekannt, welche unterschiedlichen Wege zum Kampf gegen ein verbrecherisches Regime führten und aus welchem Geist der Widerstand geboren wurde.

Wir haben es daher begrüßt und gefördert, als 1980 ein Student unserer Universität, Günther Kirchberger, die damals verfügbaren Informationen für die Studenten aufbereitete und in einer Broschüre vorlegte. In der Zwischenzeit hat sich das Wissen um die „Weiße Rose" vertieft, Blickwinkel haben sich verschoben. Wiederum haben Studenten, Michael C. Schneider und Winfried Süß, die schwierige und herausfordernde Aufgabe übernommen, dieses Wissen zu ordnen, eigene neue Forschungsergebnisse hinzuzufügen und dies engagiert zu interpretieren. Wir danken ihnen dafür. Dank gilt auch den Professoren Friedrich Prinz und Hans Günter Hockerts, die den Autoren beratend zur Seite standen, Herrn George Low, der die Übersetzung ins Englische besorgte, sowie Herrn Dirk Welich, der den Umschlag dieser Broschüre gestaltete.

Der Widerstand der „Weißen Rose" ist ein Vermächtnis. Wir wünschen und hoffen, daß es durch diese Schrift lebendig gehalten wird.

München, im Januar 1993

Prof. Dr. Wulf Steinmann
Rektor

Foreword

This year sees the fiftieth anniversary of 18th February 1943, when Hans and Sophie Scholl distributed leaflets in the Atrium of the Ludwig–Maximilians University — leaflets in which they called upon the students to resist the National Socialist regime. They were observed, arrested, handed over to the Gestapo, condemned to death by the People's Court and guillotined on 22nd February. Their comrades–in–arms, Willi Graf, Christoph Probst, Alexander Schmorell and Professor Kurt Huber, who together formed the core of the student resistance group "The White Rose", suffered the same fate. Hans Konrad Leipelt, who with others continued the struggle of the White Rose, was arrested in the autumn of the following year and executed on 29th January 1945.

The majority of university teachers and students reacted visibly to the arrest and execution of the resistance fighters with a vocal display of public approval of which we as members of the University today are still ashamed. But the "Leaflets of the White Rose" show that the thoughts and actions of this majority could not crush the resistance of those who called for the "breaking of the National Socialist terror through the power of the spirit." These leaflets are the reason why we need not only feel shame when we think of the University between 1933 and 1945.

The commemoration of the White Rose at the University and elsewhere began immediately after the war. In autumn 1945 Romano Guardini paid tribute to their "fight for the freedom of the spirit and the honour of mankind." Memorial hours in the next few years were later replaced by commemorative lectures. The names of two squares in front of the University building, of an institute, of a literature prize, and of several schools are reminders of the White Rose resistance and of some of its members. Memorials at the entrance to the Main Building and in the Atrium frequently prompt the attentive passer–by to remember them. Nevertheless, many members of the University, particularly the students, do not realise how many different ways led to the struggle against the criminal regime, nor do they understand the spirit which gave rise to this resistance.

We therefore welcomed and supported it when in 1980 a student of this University, Günther Kirchberger, prepared the available information for the students and presented it in a brochure. Since then our knowledge of the White Rose has increased, perspectives have changed. Once again students, Michael C. Schneider and Winfried Süß, have undertaken the difficult and challenging task of sorting this information and interpreting it expertly. We are grateful to them for this. Our thanks are also due to Professor Friedrich Prinz and Professor Hans Günter Hockerts, who advised the authors, to Mr George Low, who translated the text into English, and to Mr Dirk Welich, who designed the cover of this brochure.

The resistance of the White Rose is a legacy. We wish and hope that it will be kept alive by this brochure.

Munich, January 1993

Prof. Dr. Wulf Steinmann
Rector

I. Die Weiße Rose – Versuch einer Annäherung

Am 22. Februar, dem Hinrichtungstag der Geschwister Scholl und Christoph Probsts erinnert die Universität München an die Toten der Weißen Rose. Diese Tradition öffentlichen Gedenkens begann unmittelbar nach der Befreiung vom nationalsozialistischen Unrechtsstaat und setzte sich — mit Unterbrechungen um das Jahr 1968 — bis in unsere Tage fort. Heute begegnen wir in den Gebäuden der Universität Orten, die an die Geschichte der Weißen Rose erinnern: dem Relief im Lichthof, Professor Hubers Portraitmedaillon im Durchgang zur Mensa in der Leopoldstraße, seit einigen Jahren der Bodenkeramik vor dem Haupteingang der Universität. Gerade sie wird kaum beachtet, manche mögen die Stein gewordene Erinnerung an die letzte Tat der Geschwister Scholl für achtlos weggeworfenes Zeitungspapier halten. Dies scheint charakteristisch für die Stellung der Weißen Rose im öffentlichen Bewußtsein, denn über ihr Leben, ihre Motive und Ziele ist wenig bekannt. Assoziationen, die Lehrende und Studenten mit diesen Orten des Gedenkens verbinden, werden selten über Schlagworte hinausgehen: Flugblätter, ein Geschwisterpaar, ein Professor als väterlicher Mentor, vereint im Kampf gegen Hitler, hingerichtet durch das Fallbeil.

Wie bei kaum einer anderen Widerstandsgruppe ist die Geschichte der Weißen Rose durch eine schon unmittelbar nach der Urteilsvollstreckung einsetzende Legendenbildung geprägt. Das Bild vom rein moralischen, dabei unpolitischen Widerstand blieb weitgehend unbestritten, oft mehr postuliert als hinterfragt. Die Beweggründe ihres Handelns werden dadurch nicht deutlicher, im Gegenteil: Das statuarisch–mythisierende Bild vom Widerstand der Weißen Rose erschwert ein besseres Verständnis ihrer vielschichtigen Motivationen, denn es verstellt den nüchternen und reflektierten Blick auf ihre Geschichte. Gerade deshalb bedarf es dringend der Rekonstruktion individueller wie zeitgebundener Voraussetzungen ihres Handelns.

Aber Beweggründe herauszuarbeiten, bleibt ein Wagnis: „Für eines der verwegensten Unterfangen", so hat Theodor Haecker, der väterliche Freund der Geschwister Scholl, geschrieben, „halte ich, die Biographie eines Menschen zu schreiben, die über die äußeren Tatsachen hinausgeht und die innersten Motive anzugeben versucht."[1] Ein Leben auf 50 Druckseiten zu rekonstruieren, ohne unzulässigen Vereinfachungen zu verfallen, scheint schwierig. Sieben Leben zu erzählen, dazu bedarf es einer Vermessenheit, die wohl nur mitbringt, wer wie wir noch eher am Rande des Wissenschaftsbetriebs steht. Sieben Leben, damit ist zugleich ein Kriterium der Vorauswahl genannt: Im Zentrum der Darstellung stehen die durch den Volksgerichtshof zum Tode verurteilten Kommilitonen der Weißen Rose, deren 50. Todestag wir in diesem Jahr begehen. Das Auswahlkriterium dieses Gedenktages ist problematisch, denn es unterwirft sich im Grunde den Urteilen des nationalsozialistischen Unrechtsstaates. Unter den Hingerichteten waren diejenigen, die den aktiven Kern der Weißen Rose bildeten, aber auch solche, die nur ein später Schritt über die Schwelle der Illegalität das Leben kostete. Einigen gelang es, ihre Mitgliedschaft zu tarnen, so daß ihr Wirken bis heute fast unbekannt geblieben ist. Ihre Geschichte zu schreiben, wäre die Aufgabe einer — immer noch ausstehenden — umfassenden Gesamtdarstellung der Weißen Rose.

Sieben Leben zu erzählen bedeutet auch, die Darstellung von der unausgesprochenen Allgegenwart ihres Todes zu lösen. Von den Hingerichteten ist überliefert, daß sie sich im Angesicht des Henkers standhaft, ja, um diesen aus der Mode gekommenen Begriff zu gebrauchen, heldenhaft verhielten. Auf ihr Handeln in dieser Situation ohne Alternative allein hätte sich indes keine Tradition öffentlichen Erinnerns gründen können. Ihr Tod, den sie mit Millionen Opfern des Nationalsozialismus teilten, fordert unsere Anteilnahme und immer wieder unser Gedenken, rechtfertigt jedoch nicht notwendig eine Biographie. Ihr Leben zu erzählen ist aus einem anderen Grund nicht nur gerechtfertigt, sondern wichtig: Der Weg, den die Kommilitonen der Weißen Rose gingen, war frei gewählt, nicht in Unkenntnis, sondern im Bewußtsein der Gefahr. Vor die Alternative gestellt, sich herauszuhalten, auch unbelastet von persönlicher Schuld zu überwintern — wie dies einige ihrer Freunde getan haben — oder die eigene Person einzusetzen, sind sie ihren Weg gegangen. Das unterschied sie von der Masse ihrer Kommilitonen, die dem nationalsozialistischen Unrechtssystem schweigend oder zustimmend gegenüberstanden.

Zum Schluß bedarf noch ein weiterer Punkt der Klärung: Wir versuchen nicht, die Geschichte *der* Weißen Rose zu schreiben. Die Studenten und ihr Freundeskreis sind — bei allen biographischen und programmatischen Gemeinsamkeiten — nie die homogene Gruppe gewesen, die in unserer Erinnerung existiert. Individuelle Handlungsanteile und unterschiedliche Motivationen innerhalb der Weißen Rose gerechter und präziser als dies bisher geschehen ist, zu akzentuieren, nicht zuletzt dies möchte unsere Darstellung versuchen.

II. Integration – Distanzierung – Verweigerung. Lebenswege im Dritten Reich.

Am 5. Februar 1943, wenige Tage nach dem Bekanntwerden der Niederlage von Stalingrad, meldete der Oberstaatsanwalt beim Landgericht München I unter dem Betreff „Staatsfeindliche Umtriebe in München“ an das Reichsjustizministerium:

„I. In der Nacht vom 3. auf 4. Februar 1943 wurden an mindestens 20 Stellen der Stadt München mit Blechschablone und Teerfarbe Inschriften angebracht, die lauten: ›Freiheit‹ oder ›Nieder mit Hitler‹; daneben ist ein durchstrichenes Hakenkreuz angebracht. Inschriften dieser Art wurden festgestellt an Anschlagsäulen in der Ludwigstraße, an der Universität, in der Amalienstraße, in der Gegend der Salvatorstraße und am Altheimereck. Die Täter sind unbekannt. Die Hauseigentümer wurden angewiesen, die Inschriften zu entfernen.
II. In den letzten Tagen wurden etwa 1300 Flugblätter antinationalsozialistischen Inhalts mit demokratisch-föderalistischer Tendenz auf den Straßen der Stadt gefunden. Die Täter sind unbekannt.„[2]

„Täter“, das waren Willi Graf, Alexander Schmorell und Hans Scholl, Medizinstudenten im Alter zwischen 25 und 26 Jahren. Zusammen mit Sophie Scholl, Christoph Probst und Professor Kurt Huber bildeten sie den Kern eines Widerstandskreises, der als „Weiße Rose“ in die Geschichte eingegangen ist. Sie wurden hingerichtet, andere zu Gefängnisstrafen verurteilt. Was bewog die Studenten dazu, ihr Leben für einige Flugblätter und Maueranschriften aufs Spiel zu setzen?

Als Alexander Schmorell und Hans Scholl im Frühsommer 1942 ihr erstes Flugblatt entwarfen, unterschieden sie sich auf den ersten Blick nicht besonders von ihren Altersgenossen. Um das Ende des ersten Weltkriegs geboren, hatten sie als Kinder die „goldenen Jahre“ der Weimarer Republik und später ihren Niedergang erlebt. Als Jugendliche wuchsen sie in einer Phase des Dritten Reiches auf, die vor allem von der gewaltsamen Durchsetzung der nationalsozialistischen Herrschaft gekennzeichnet war. Mit dem Ermächtigungsgesetz vom 23. März 1933 zerschlug der letzte gewählte Reichstag die parlamentarische Grundlage der Weimarer Demokratie. Parteien und Gewerkschaften wurden verboten, die freie Presse beseitigt. Der neue Staat, der Künstler verbot, Bücher verbrannte und die Kirchen verfolgte, gleichzeitig aber auch bisher für unmöglich gehaltene außenpolitische Erfolge aufweisen konnte, der den politischen Mord zum Tagesgeschäft erhob, aber auch die Arbeitslosigkeit zu beseitigen versprach, übte auf die Mehrheit seiner Zeitgenossen eine beträchtliche Faszination aus.[3]

All das hatten die fünf Studenten ebenso erlebt wie ihre Altersgenossen. Doch bei genauerer Betrachtung zeigen sich gemeinsame Besonderheiten in ihrer biographischen Prägung: Im Gegensatz zu den meisten Gleichaltrigen erfuhr keiner von ihnen die Zwischenkriegszeit als Krisenzeit, als Zeit persönlicher Unsicherheit. Sie alle stammten aus Elternhäusern, deren kulturelle Traditionen eigentlich schon unzeitgemäß gewesen sind. Christoph Probsts Vater, ein Privatgelehrter, war mit Emil Nolde und Paul Klee befreundet, Künstlern, die die Nationalsozialisten bald nach der Machtübernahme als „entartet“ verfolgten. Er verkörperte den kleinen, der Moderne zugewandten Teil eines Bildungsbürgertums, dem durch die Inflation zumeist die materielle Grundlage entzogen war. Der weltoffene, demokratische Liberalismus, wie ihn Hans Scholls Vater vertrat, fand in den Krisenjahren der Weimarer Republik immer weniger Anhänger. Das katholische Milieu, dem die Familie Graf angehörte, versuchte in einer zunehmend säkularisierten Welt seiner drohenden Auflösung durch Abschottung zu begegnen. Doch dort, wo diese Sozialmilieus noch Bestand hatten, boten sie, eben wegen ihrer Beharrungskraft, auch nach der nationalsozialistischen Machtergreifung Rückzugsräume gegenüber den wachsenden Ansprüchen des totalitären Staates.

Zwischen Jungvolkdienst und bündischer Jugend – Hans Scholl

Hans Scholls Entwicklung steht in mancher Beziehung geradezu stellvertretend für die zahlreicher Altersgenossen, bei denen das Gerede von „Vaterland" und „Volksgemeinschaft" Vertrauen in die krisenbewältigende Kraft des Nationalsozialismus geweckt hatte. Als er im Mai 1933 gegen den Willen seines Vaters in die Hitlerjugend eintrat und mit seiner Begeisterung auch die Geschwister ansteckte, trieb das einen Keil in die Familie Scholl. Was zog einen Gymnasiasten, der in der liberal–protestantischen Atmosphäre eines schwäbischen Bürgerhaushaltes aufgewachsen war, in die Jugendorganisation einer Partei, die zu Hause einen eher zweifelhaften Ruf genoß?

Die noch im Aufbau befindliche Hitlerjugend unterschied sich 1933 beträchtlich von ihren späteren Erscheinungsformen. Sie hatte Stilemente der Jugendbewegung, etwa das Fahrten– und Lagerleben angenommen und bot so für die Masse der Jugendlichen altersgemäße Formen der Freizeitgestaltung. Durch ihr bewußt in Abgrenzung zum Elternhaus konzipiertes Freizeitangebot entstanden in der HJ für die meisten Jugendlichen bisher nicht realisierbare Freiräume zwischen Schule und Familie. Da sie ihre politischen Ziele zunächst nur diffus formulierte, fanden sich für Mitglieder der inzwischen verbotenen Jugendverbände, gerade für Vertreter der bündischen Sonderströmung, deren Denken ebenfalls um Begriffe wie „Treue", „Führer", „Gemeinschaft" und „Nation" kreiste, zahlreiche Anknüpfungspunkte.

Durch Max von Neubeck, einen ehemals bündischen HJ–Führer, geriet Hans Scholl im Frühjahr 1934 mit der jungenschaftlichen Form bündischer Jugendkultur in Berührung. Von Neubeck hatte mit Wissen der Ulmer Jungvolkleitung Einheiten gegründet, aus denen sich der „Führernachwuchs" der nationalsozialistischen Jugendorganisation rekrutieren sollte. Eine solche Gruppe von 10–15 Jungen führte auch Hans Scholl. Sie verstand sich als Elite innerhalb des Jungvolks und agierte zum Teil abgesondert davon. In ihr wurden die verbotenen bündischen Traditionen, besonders die der „deutschen jungenschaft vom 1. 11. 1929", weiter gepflegt. Deren kultureller Stil konnte faszinieren, weil er gegenläufige Tendenzen der Weimarer Republik in sich vereinigte: In Auftritt und Habitus gab man sich formiert, ja militärisch; Bilder zeigen die „dj. 1.11" im Gleichschritt, einheitlich mit blauer Riegelbluse, Schulterriemen und Schiffchen gekleidet. Andererseits orientierte sich die dj. 1.11 – hier deutlich abgegrenzt von der eher romantisch–konservativen Jugendbewegung – viel stärker an der kulturellen Avantgarde der Zwischenkriegszeit. Sie übernahm Stilelemente des Bauhauses, zum Beispiel die „kleinschrift", ihre Mitglieder lasen aber auch die Dichter des elitär–antimodernistischen George–Kreises. Bemühten sich die „Wandervögel" vor dem Ersten Weltkrieg um die Renaissance des deutschen Volkslieds, so sangen die Jungenschaften Chöre aus Rußland und Skandinavien. Auch ihr Verhältnis zur technischen Welt war neu in der Jugendbewegung: Sie zogen nicht mehr zu Fuß in die Natur, sondern unternahmen per Autostopp Fahrten bis zum Polarkreis und in die Sowjetunion.

Als allmählich andere Seiten der Hitlerjugend in den Vordergrund traten, riefen sie bei Hans Scholl, der unterdessen Fähnleinführer geworden war, Skepsis hervor. An die Stelle freiwillig akzeptierter Ordnung und durch persönliches Charisma legitimierter Führer setzte die HJ eine allein auf Befehl und Gehorsam basierende Hierarchie. Die nationalsozialistische Rassenlehre, die kulturelle Wüste weltanschaulicher Schulungsabende, das Verbot, vom Regime geächtete Dichter zu lesen, all das stieß ihn ab. Während von Neubeck sich im Frühjahr 1935 vom Ideengut der dj. 1.11 lossagte und Hans Scholls Gruppe auflöste, setzten er und einige Mitglieder seines alten Fähnleins insgeheim ihre bündisch geprägten Unternehmungen parallel zum Jungvolkdienst fort. Erst nachdem die Ulmer Stammesleitung ihn deswegen im Mai 1936 zeitweilig vom Dienst beurlaubt hatte, gründete Hans Scholl mit einigen ausgewählten Mitgliedern seines alten Fähnleins eine eigene, außerhalb der HJ existierende Gruppe, die sich weiterhin eng an das Gedankengut der dj. 1.11 anlehnte. Daneben versah er noch eine Zeitlang, zum Jungzugführer herabgestuft, seinen Dienst im Jungvolk.[4]

Mitte Dezember 1937 wurde Hans Scholl, der gerade seinen Militärdienst absolvierte, im Zusammenhang mit Verhören von Angehörigen anderer freier Jugendgruppen im süddeutschen Raum wegen „bündischer Umtriebe“ gemeinsam mit seinen vier Geschwistern verhaftet. Damals bewahrten ihn nur das energische Auftreten seines Dienstvorgesetzten und eine nach dem „Anschluß“ Österreichs verkündete Amnestie vor einer längeren Haft.

Eigene Wege suchen — Willi Graf

In diesem Punkt ähnelt seine Biographie der von Willi Graf, einem jungen Saarländer, der in seiner Ernsthaftigkeit auf seine Freunde oft bedächtig und in sich zurückgezogen wirkte: auch ihn haben die Nationalsozialisten im Januar 1938 wegen „bündischer Umtriebe“ mehrere Wochen lang inhaftiert. Für Willi Graf entwickelten sich katholische Jugendgruppen nach der frühen Distanzierung vom Elternhaus zur wichtigsten Bezugsgruppe. Obwohl durch das Reichskonkordat de jure geschützt, waren solche Verbände als letzte Konkurrenz der Hitlerjugend heftigen Repressalien ausgesetzt. Die Erfahrung des Kirchenkampfs hat Willi Graf in seiner Haltung gegenüber dem Nationalsozialismus entscheidend geprägt. Im Gegensatz zu Hans Scholl ging er, fest im katholischen Milieu verwurzelt, von Beginn an auf Distanz zum Dritten Reich. Früh schon entwikkelte er eigene Maßstäbe, die ihn das politische Geschehen schärfer wahrnehmen ließen als die meisten seiner Altersgenossen. Die Konsequenz seiner Haltung zeigte sich auch in der Auswahl seiner Freunde: Mitglieder der HJ hat Willi Graf aus seinem Adressenverzeichnis gestrichen.

Bereits 1929 war Nurmi, wie Graf in seiner Gruppe nach einem finnischen Marathonläufer genannt wurde, dem katholischen Schülerbund „Neudeutschland“ beigetreten; 1934 schloß er sich dem „Grauen Orden“ an, einer illegalen Vereinigung südwestdeutscher Bündischer, die sich stärker als die übrige katholische Jugend den Traditionen der Jugendbewegung verpflichtet fühlten. Der Graue Orden stand der „Liturgischen Bewegung“ nahe, einer von jungen Laien um den Theologen Romano Guardini getragenen Strömung, die viele Reformen des II. Vatikanischen Konzils vorwegnahm und besonders das Gemeinschaftserlebnis im Gottesdienst betonte.

Dj. 1.11 wie Grauer Orden gewannen ihren Zusammenhalt durch das Erlebnis persönlicher Freundschaft, ohne feste Organisationsformen außer der freiwilligen, jederzeit wieder aufkündbaren Bindung an den Gruppenführer. Mädchen spielten im Leben der Jungen kaum eine Rolle, da man fürchtete, sie könnten den engen Zusammenhalt der Geschlechtsgenossen stören. Beide Gruppierungen sind Außenseiter innerhalb der Jugendbewegung geblieben. Die dj. 1.11 zählte nie mehr als 2000 Mitglieder; der Graue Orden wurde wegen seines deutlich über die Konkordatsgrenzen hinausreichenden Anspruchs von der Amtskirche mit Mißtrauen beobachtet. Beide gaben sich ebenso elitär wie antibürgerlich. Ihre Mitglieder lehnten es ab, althergebrachte Konventionen unreflektiert zu übernehmen, ebenso die selbstgenügsame Durchschnittlichkeit ihrer Umwelt. An deren Stelle setzten sie das Experiment mit eigenständigen Lebensformen, die oft hohe

Ansprüche an die Gruppenmitglieder stellten. Diese Haltung begünstigte ein Elitebewußtsein, das die Abgrenzung gegenüber Nicht–Gleichgesinnten förderte. So war denn ihre Distanzierung vom Nationalsozialismus nicht nur weltanschaulich motiviert, sondern auch um die Wahrung ihres individuellen, gegen die HJ wie die Welt der Erwachsenen abgegrenzten Stils bemüht.[5]

„Philosophieren ist nicht meine Sache" — Alexander Schmorell

Alexander Schmorells widerständiges Verhalten ist ebenfalls aus dem Versuch erklärbar, seine individuelle Autonomie zu erhalten. Er verließ die deutschnationale Scharnhorstjugend, als diese 1933 in die HJ zwangsüberführt wurde. Sein früh entwickelter, von der Familie tolerierter Drang nach Freiheit und Unabhängigkeit brachte ihn bald in Konflikt mit jeder Form von angemaßter Autorität. Vielseitig begabt, sportlich und musikalisch, wirkte er in seiner charmanten, großzügigen Art gewinnend auf seine Umwelt, obwohl er nach dem Urteil Angelika Probsts, die eng mit ihm befreundet war, manchmal auch „rücksichtslos und unbedacht sein konnte, ohne es zu wollen oder zu merken."[6]

„Die zahlreichen Kräfte und Potenzen in Alexens Wesen sind noch ungeordnet und heben sich zum Teil vielleicht gegenseitig auf oder schwächen sich ab. Da er universal veranlagt ist und tausend Lebenswege ihm gangbar und lockend erscheinen, hüpft er noch von einer Möglichkeit zur anderen, will sich noch nicht festlegen und kann es auch noch gar nicht, da ihm der Magnet fehlt, seine verschieden gerichteten Kräfte in eine Richtung zu streifen. Ich glaube ... Alex ... lebt mehr von außen nach innen, sein Leben gestaltet sich nach seinen Erlebnissen, es ist von entscheidender Bedeutung, was ihm begegnet, auf ihn zukommt"[7], so sah ihn Christoph Probst, mit dem Alexander eine seit der Schulzeit bestehende Freundschaft verband.

Alexander Schmorell wurde 1917 als Sohn eines Deutschen Arztes in Rußland geboren. Seine russische Mutter starb bald nach seiner Geburt, der Vater siedelte, vertrieben durch die Wirren der Oktoberrevolution, 1921 nach München über. Schmorell wuchs zwischen zwei Kulturen auf. Da die Familie zu Hause russisch sprach, blieben ihm Sprache und Religion seines Geburtslandes vertraut. Hierbei spielte auch seine russische Kinderfrau, die zeitweilig die Rolle einer Ersatzmutter angenommen hatte, eine große Rolle. Sie vor allem hielt die Bindungen an seine alte Heimat lebendig.

Schmorells Erfahrungen mit dem Nationalsozialismus mündeten zunächst nicht in aktive Gegnerschaft. Statdessen entwickelten sich für ihn Literatur, besonders die russischen Dichter, später vor allem seine Liebe zur Bildhauerei zu Rückzugsräumen gegenüber einem Alltag, den er als immer drückender empfand. Im Wintersemester 1942 notiert er: „Ohne Arbeit (unter Arbeit verstehe ich nur die bildhauerische) ist hier in Deutschland für mich der unerträglichste Zustand, den ich mir nur vorstellen kann"[8].

„Im allgemeinen ein unpolitischer Mensch" – Christoph Probst

Christoph Probst verbrachte den größten Teil seiner Schulzeit außerhalb des Elternhauses. Der Unterricht in reformpädagogischen Internaten vermittelte ihm ähnliche Erfahrungen, wie sie Hans Scholl und Willi Graf in der Jugendbewegung gemacht haben. Vermutlich hat auch das auf Erziehung zur Eigenverantwortlichkeit hin orientierte Internatsleben mit dazu beigetragen, Christoph gegen die Ansprüche des NS-Staates zu immunisieren. Dazu kamen familiäre Umstände: Nach seiner Scheidung hatte Christoph Vater erneut geheiratet. Da die Stiefmutter jüdischer

Abstammung war, erfuhr die Familie früh, was es bedeutete, im nationalsozialistischen Staat ausgegrenzt zu sein. Doch auch von hier verläuft kein direkter Weg zu den Flugblättern der Weißen Rose. Erst seit dem Selbstmord seines Vaters 1936 beschäftigt sich Probst , der sich bis dahin vor allem für Naturwissenschaften interessiert hatte, mehr mit literarischen und philosophischen Themen, ohne daß es dadurch zu klaren Stellungnahmen gegen den Nationalsozialismus kam. Seine erhaltenen Briefe sprechen für eine Haltung des Ausharrens und Standhaltens, die es unwahrscheinlich macht, daß er aktiven Widerstand befürwortet hätte. Christoph Probst durchlief nach dem Abitur 1937 Reichsarbeits- und Wehrdienst, um dann, im Sommersemester 1939, das Medizinstudium in München aufzunehmen. Während seiner Famulatur lernte er Herta Dohrn kennen; beide heirateten im Sommer 1941. Seitdem war die Familie mit zuletzt drei Kindern Lebensmittelpunkt Christoph Probsts.

Arbeitsdienst und Krieg

Trotz vielfältiger Reibereien mit dem Nationalsozialismus ist der Weg der Studenten in den Widerstand weder zwangsläufig, noch geradlinig gewesen. Anders als der Widerstand der sozialistischen oder der jüdischen Jugend war der Weißen Rose keiner von Ausgegrenzten, unmittelbar Bedrohten und Diskriminierten. Im Gegenteil, gerade um ihre Generation warb der Nationalsozialismus mit besonderem Eifer und Erfolg. So fanden viele Zeitgenossen mit einer ähnlichen Biografie Möglichkeiten sich mit dem Regime zu arrangieren oder nutzten die immer selteneren Nischen, um den Ansprüchen des nationalsozialistischen Staates auszuweichen.

Nach dem Abitur trafen die Freunde immer neue Forderungen des Regimes: Wehrdienst, Reichsarbeitsdienst, Kriegshilfsdienst. Daß sie hierbei weniger die körperliche Anstrengung oder die Monotonie der Arbeit als bedrückend empfanden, sondern vor allem das Gefühl, allein zu sein – inmitten einer Masse gleichgeschalteter Altersgenossen – zeigt ein Tagebucheintrag, den Sophie Scholl, die knapp drei Jahre jüngere Schwester von Hans, im Arbeitsdienstlager Krauchenwies geschrieben hat: „Ich schlafe zusammen mit 10 Mädchen. Ich muß mir abends oft die Ohren vor ihrem Geschwätz verstopfen. Jede Bemerkung, die ich dazu mache, erscheint mir Wie ein Zugeständnis und tut mir leid... Ich bemühe mich sehr, mich von den augenblicklichen Einflüssen möglichst unberührt zu halten. Nicht von den weltanschaulichen und politischen, die mir bestimmt nichts mehr ausmachen, aber von den Stimmungseinflüsen."[9] Hier klingt ein Gedanke an, der schon in der bündischen Jugend eine große Rolle spielte und – vermittelt vor allem über Hans Scholl – auch in der Weißen Rose latent blieb: Der Konflikt zwischen einem Individuum mit hohen Ansprüchen an sich wie auch an andere und dem Heer der Gleichgültigen, Trägen, Lauen.

Bei Kriegsausbruch hatte die Wehrmacht die Studenten als angehende Mediziner zunächst vom Wehrdienst zurückgestellt, später aber als Sanitätssoldaten einberufen. Trotz ihres ähnlichen Horizonts erlebten sie ihre Militärzeit ganz unterschiedlich. Bei Alexander Schmorell, der schon den Reichsarbeitsdienst als „gewollte und planmäßige Freiheitsberaubung"[10] empfunden hatte, verschärfte der Konflikt seines Freiheitsdranges mit der vom Militärdienst eingeforderten Disziplin bereits vor Kriegsausbruch seine NS–Gegnerschaft. Hans Scholls Aufzeichnungen lassen im September 1939 Anklänge an die Euphorie der Kriegsfreiwilligen von 1914 sichtbar werden, freilich ohne deren national–chauvinistischen Beigeschmack. Er sah im Krieg einerseits die Gelegenheit zur persönlichen Standortbestimmung, betrachtete ihn aber auch als Chance zur — mehr metaphysisch als politisch verstandenen — Rettung Europas.

In seinem Tagebuch findet sich kurz nach Kriegsausbruch der folgende, charakteristische Eintrag: „Mich verlangt es nicht nach einem ›Heldentum‹ im Kriege. Ich suche Läuterung. Ich will, daß alle Schatten von mir weichen. Ich suche mich, nur mich. Denn das weiß ich: Die Wahrheit finde ich nur in mir. Anfangs waren wir froh, daß endlich der Krieg entfesselt worden ist: Er muß die Erlösung von diesem Joche bringen. Deutschland hat dieses Joch verdient. Vielleicht dauert dieses Massenmorden lange Zeit. Vielleicht müssen die Menschen Europas sehr umgepflügt werden. Werden wir dann eine Stufe höher steigen? Unsere ganze Hoffnung hängt an diesem fürchterlichen Kriege."[11*] Später, im Mai 1940, während seines Einsatzes als Sanitäter an der Westfront, traten andere Erfahrungen in den Vordergrund. Deutlich ist in seinen Briefen die Neugier auf Frankreich erkennbar, auf seine Menschen und seine Schriftsteller. Diese Neugier ist aber durch das Bewußtsein gebrochen, das Land als Feind betreten zu müssen.

Alexander Schmorell und Hans Scholl konnten vom Wintersemester 1940 an weiterstudieren, Willi Graf dagegen blieb bis zum Sommersemester 1942 eingezogen. Bei ihm, der den Krieg als einziger nicht nur in der Etappe der Blitzkriege erlebte, verbanden sich die Schrecken des nationalsozialistischen Vernichtungskrieges im Osten mit dem Gefühl der Einsamkeit. Entsetzt berichtet er im Februar 1942 aus dem russischen Gshatsk an seine Schwester: „ich wünschte, ich hätte das nicht sehen müssen, was ich alles in dieser Zeit mit anschauen mußte ... Der Krieg gerade hier im Osten führt mich an Dinge, die neuartig und fremd wie nichts bisher Bekanntes sind. Und das muß man alles verarbeiten, obwohl kaum jemand da ist, mit dem man darüber reden könnte."[12]

Besonders Willi Graf, der am längsten Kriegsdienst leisten mußte, fand sich nur schwer im fast friedensmäßigen Universitätsbetrieb zurecht. Seiner Tante Mariana Gölden berichtet er im Juni 1942 von seinen Schwierigkeiten, „sich wieder an dieses, inzwischen doch reichlich fremd gewordene Leben zu gewöhnen, mit Dingen umzugehen, die man lange Zeit nicht mehr gebraucht hatte."[13] Graf, der vor dem Krieg in Bonn studiert hatte, immatrikulierte sich im Sommersemester 1942 an der Münchener Ludwig–Maximilians–Universität.

Die Universität München im Dritten Reich

Auch in München hatte die nationalsozialistische Eroberung der deutschen Hochschulen ihren Ausgang weniger von den Lehrkanzeln, als von den Holzbänken der Hörsäle, vor allem aber von den Schlangen an den Suppenküchen der Universitätsmensen genommen. Die „Bewegung" fand ihre Anhänger gerade bei Studenten, die durch die akademische Überfüllungskrise der Zwischenkriegszeit tief verunsichert waren. Auf sie vor allem setzte das Dritte Reich bei seinen Versuchen, die deutsche Hochschullandschaft zu verändern. Noch vor der Machtergreifung hatten die in der „Deutschen Studentenschaft" zusammengeschlossenen Studentenparlamente einen „Arierparagraphen" verabschiedet, der jüdische Kommilitonen von der Mitgliedschaft in der studentischen Selbstverwaltung ausschloß. Da der Nationalsozialismus zum Teil betont an politische Traditionen des untergegangenen Kaiserreichs anknüpfte, schien er auch für einen Teil der mehrheitlich national–konservativen Hochschullehrer akzeptabel. Ein Festakt der Ludwig–Maximilians–Universität brachte Anfang Mai 1933 den breiten akademischen Konsens zur nationalsozialistischen Machtergreifung deutlich zum Ausdruck: Der Lichthof war mit der bayrischen, der alten Reichsflagge und Hakenkreuzfahnen geschmückt. Die Bilder des greisen Reichspräsidenten von Hindenburg und des neuen Reichskanzlers Adolf Hitler hingen mit goldenem Lorbeer bekränzt beieinander. Der Rektor Leo von Zumbusch dankte Adolf Hitler dafür, „daß er aus einer Gemeinschaft der Not den rettenden Gedanken der Gemeinschaft des Volkes gewonnen, der Arbeit wieder den geistigen Adel, die germanische Führertugend gegenüber dem fremden Mehrheitsprinzip gegeben hat." Zum ersten Mal eröffne die „Alma mater das neue Studienhalbjahr ... in dem Glauben und der Hoffnung, daß wir und unser Vaterland an einer Wende der Zeit stehen."[14]

Ein Student leistete stellvertretend für seine Kommilitonen das Treuegelöbnis auf Adolf Hitler; im Anschluß an eine Rede des nationalsozialistischen Kultusministers Hans Schemm zogen Studenten gemeinsam mit SA–Kolonnen im Fackelzug zum Königsplatz, um dort die Bücher verfemter Autoren zu verbrennen.

Nachdem jüdische Studenten schon weitgehend von den Universitäten vertrieben waren, fielen in München politisch und rassistisch motivierten Entlassungen bis 1936 zweiunddreißig meist jüdische Hochschullehrer zum Opfer. Als die Nationalsozialisten ihre Macht an den Universitäten konsolidiert hatten, begannen sie, auch die Lehrinhalte in ihrem Sinn umzugestalten. Exemplarisch läßt sich dies am Wandel des medizinischen Lehrplanes illustrieren: Seit 1936 prüfte die Universität zusätzlich das Fach Rassenhygiene, später wurden vor allem in den Grundlagenfächern verstärkt militärische Bezüge hergestellt. Medizinprofessoren lasen jetzt über „Nationalsozialistische Weltanschauung und Rassengedanke" oder „Erste Hilfe bei Unglücksfällen unter besonderer Berücksichtigung von Wehrsport und Gasschutz". Die Nationalsozialisten scheiterten jedoch bei ihrem Versuch, die Hochschulen lückenlos gleichzuschalten. Interne Konkurrenzkämpfe und die Notwendigkeit, qualifizierte Wissenschaftler auszubilden, führten dazu, daß akademische Freiräume nie völlig aus der Universität verschwanden. Obwohl die Kompetenzen der akademischen Selbstverwaltungsgremien de jure an nur dem Reichserziehungsministerium verantwortliche „Führer-Rektoren" übergegangen waren, blieben die informellen Regeln kollegialer Zusammenarbeit innerhalb des Lehrkörpers oftmals intakt.

Die meisten Hochschullehrer beobachteten – trotz grundsätzlicher Zustimmung zu vielen Zielen des Nationalsozialismus – die Politisierung des akademischen Lebens mit Skepsis. Doch wagten nur wenige den Schritt aus einer zwischen Mittäterschaft, geräuschloser Anpasung und abwartendem Nichtstun oszillierenden Haltung hin zur öffentlichen Kritik. Abweichende Ansichten wurden außerhalb der engeren Freundeskreise nur in vorsichtigen, häufig kaum wahrnehmbaren Andeutungen formuliert.

Die große Mehrheit der Studenten stand bis weit in den Krieg hinein dem Nationalsozialismus zustimmend, ein weiterer Teil gleichgültig gegenüber. Viele, die die Auswirkungen seiner Herrschaft mißbilligten, fühlten sich gerade im Krieg zur bedingungslosen Solidarität mit ihrem Vaterland verpflichtet. Auch die immer wieder gezielt angefachte Furcht vor einer drohenden „Bolschewisierung" nach einem Sieg der Sowjetunion hat die Integration vieler Deutscher in die nationalsozialistische Herrschaft gefördert. Jedoch nahm die Bindung an die herrschende Ordnung umso mehr ab, je deutlicher die Kriegsfolgen in der Heimat zu spüren waren. Seit dem Frühjahr 1942 trugen britische Luftangriffe den Krieg ins eigene Land. Nahrungsmittelrationierungen verursachten wachsenden Unmut. Viele versuchten, die kaum noch übersehbaren Differenzen zwischen Propaganda und nationalsozialistischer Realität dadurch zu überbrücken, daß sie zwischen Hitler und der Partei eine imaginäre Trennungslinie zogen, die den „größten Feldherrn aller Zeiten" von allen Fehlleistungen im innenpolitischen und militärischen Tagesgeschehen exkulpierte. Doch im Winter 1942/43 geriet auch der bisher sakrosankte „Mythos Hitler" ins Wanken. Bezeichnend für den Stimmungsumschwung unter den Studierenden war das Schweigen, mit dem sie auf der Sven–Hedin–Feier im Januar 1943 die Würdenträger der NSDAP bedachten, während sie die anwesenden Generäle mit „tosendem Beifall" begrüßten.[15]

Trotz solcher Episoden sind die Hochschulen nie ein Hort aktiver Opposition gegen das nationalsozialistische Regime gewesen. Die Zerschlagung eigenständiger studentischer Kultur und die Vereinzelung der Studierenden hat entscheidend dazu beigetragen, Äußerungen studentischen Solidaritätsgefühls oder gar Akte individuellen Aufbegehrens schon im Ansatz zu ersticken. Jürgen Wittenstein, ein Kommilitone aus der Studentenkompanie, hat dieses Gefühl der Isolation nach fast zehn Jahren nationalsozialistischer Herrschaft beschrieben: „Viele ließen sich überreden

— aus Schwäche und Bequemlichkeit gaben sie nach, wie es ja allenthalben geschah ... immer blieben es nur Einzelne, die sich in der gleichen freiheitlichen Gesinnung und in gelegentlichen Gesprächen zusammenfanden — zu einem eigentlichen Zusammenschluß kam es jedoch nie. Der äußere Druck war schon zu groß geworden und die Angst vor dem immer mehr um sich greifenden Denunziantentum wie dem unbekannten Schicksal der politischen Gefangenen, von dem nur im Flüsterton gesprochen wurde, hieß sie schweigen und ihre eigenen Wege suchen. Die Zeichen der großen Lethargie, die Deutschland befallen hatte, wurden auch hier sichtbar: es schien aussichtslos, etwas gegen den ›Staat‹ zu unternehmen, das Beste schien, sich so gut es eben ging durchzuschlagen und mit den Gegebenheiten einen Kompromiß zu schließen, der einen so wenig wie möglich belastete."[16] Es beleuchtet das an den Universitäten des Dritten Reiches herrschende geistige Klima, daß kein Kontakt der Weißen Rose im Hörsaal geknüpft wurde. Stattdessen trafen sich dissidente Studenten an den wenigen Plätzen, die im Windschatten der nationalsozialistischen Herrschaft standen: beim Chorsingen, Fechten, im Zeichenunterricht oder auf privaten Diskussionsabenden. Eines der nie öffentlich ausgesprochenen, aber allen vertraute Erkennungsmerkmale oppositioneller Gesinnung war die Vorliebe für Autoren, die das Regime verfolgte. Literarische Interessen fungierten im persönlichen Gespräch gleichsam als kultureller Kode der Dissidenz: Durch ihn konnte man, ohne sich direkt zu gefährden, seine Opposition zum nationalsozialistischen Regime kundtun.

Auch die Studentenkompanien der Wehrmacht waren solche Nischen – Orte ungefährdeterer Kommunikation. Wehrtauglichen Männern boten diese Einheiten nach Kriegsausbruch die seltene Möglichkeit zu studieren. Ihre Mitglieder konnten sich auf der einen Seite als Wehrmachtsangehörige dem Zugriff der Parteidienststellen weitgehend entziehen, andererseits erlaubten ihnen die vergleichsweise geringen militärischen Dienstpflichten während des Semesters, ein fast ziviles Studentenleben zu führen. Für die Entstehung der Weißen Rose sind die Studentenkompanien von entscheidender Bedeutung gewesen: Hier lernte Hans Scholl im Herbst 1940 über Jürgen Wittenstein die Medizinstudenten Alexander Schmorell und Hubert Furtwängler kennen.[17]

Gesprächskreise – „Das Verlangen nach dem wahren Grund der Dinge“

Anfangs blieb die Beziehung zwischen Hans Scholl und Alexander Schmorell rein sachlich, auf das gemeinsame Studium bezogen. Im Wintersemester bereiteten sie sich zusammen auf das bevorstehende Physikum vor. Erst nach mehreren Monaten des gegenseitigen Abtastens lud Schmorell Hans Scholl im Frühjahr 1941 auf Leseabende ein, die er gemeinsam mit Christoph Probst arrangierte. Die Veranstaltungen waren ursprünglich unpolitischen Themen gewidmet und unterschieden sich nicht von den unverdächtigen musischen Abendgesellschaften bildungsbürgerlicher Haushalte. Hier trafen Menschen aufeinander, die sich abseits der geistigen Öde des nationalsozialistischen Alltags ein Refugium nicht-nationalsozialistischer Kultur als politikfreien Raum erhalten hatten. Trotz ihres im Kern defensiven Charakters waren solche Leseabende – im Gegensatz zum vom Nationalsozialismus geförderten Rückzug in die entpolitisierte Kunstwelt der zeitgenössischen Unterhaltungsindustrie – Orte des aktiven und kritischen Kulturgebrauchs. Vor allem die weltoffene Bandbreite der diskutierten Lektüre sticht ins Auge: Sie reichte von den „Bekenntnissen des Augustinus über die Dichter deutscher Klassik bis hin zu den russischen Schriftstellern des 19. Jahrhunderts. Besonders fesselten die Studenten Autoren des französischen „Renouveau Catholique“, Georges Bernanos, Léon Bloy, Paul Claudel und Jacques Maritain, die in ihren Werken die Verbürgerlichung der Amtskirche kritisierten. Während Bloy und Bernanos für eine Renaissance des franziskanischen Armutsideals warben, verband Maritain in seinem Buch

„Die Zukunft der Christenheit" die Vision einer erneuerten Kirche mit dem Bild einer freien, pluralistischen Gesellschaft, die Ernst machte mit der Trennung von Staat und Kirche. Trotz alledem darf man sich die Teilnehmer der Leseabende nicht nur als vergeistigte Intellektuelle vorstellen. Kultur beinhaltete durchaus auch einen sinnlichen Aspekt. Angelika Probst erinnert sich an „nächtelange, vom Wein beschwingte Gespräche."[18] Kultur, das war in dieser Zeit ständiger Bedrohung auch ein Mittel, den permanenten Außendruck zu kompensieren. „Man lebte intensiver"[19], so hat eine Kommilitonin das Lebensgefühl dieser Zeit beschrieben.

Um die Jahreswende 1941/42 erhielt das Denken des Kreises eine neue Richtung: Hans Scholl lernte im Herbst 1941 durch seinen Freund Otl Aicher den greisen Carl Muth und den gut sechzigjährigen Theodor Haecker kennen. Haecker hatte sich, vom Protestantismus zum katholischen Glauben übergetreten, vor allem als Kierkegaard-Übersetzer einen Namen gemacht und war wegen seiner sprachgewaltigen Kritik am Nationalsozialismus mit Schreibverbot belegt. Muth gab bis zu seiner erzwungenen Einstellung 1941 das „Hochland", eine katholische Kulturzeitschrift, heraus. In der Weimarer Republik das wichtigste Organ der katholischen Intelligenz, gelang es dem „Hochland", in der gleichgeschalteten Presselandschaft des Dritten Reiches eines der wenigen Foren geistiger Auseinandersetzung mit dem Nationalsozialismus zu bleiben. Dabei bediente es sich einer überaus sublimen Form der Kritik: Durch den Rückgriff auf Werke politisch unverdächtiger Autoren und historische Beiträge, deren aktuelle Bezüge für Denkende nicht zu übersehen waren, nahm es immer wieder Stellung zu Zeitfragen, ohne der Zensur Angriffsflächen zu bieten.

Für Hans Scholl ist die Begegnung mit dem fast fünfzig Jahre älteren Muth zum Schlüsselerlebnis geworden. Bis ins Frühjahr des nächsten Jahres verkehrten beide fast täglich miteinander. Unter seinem Einfluß begann Hans Scholl, das Medizinstudium immer mehr zugunsten religionsphilosophischer Studien zu vernachlässigen. Ein Brief an Rose Nägele zeigt deutlich seinen inneren Spannungszustand: „Ich befinde mich in einer geistigen Krise, der bedeutendsten meines Lebens ... Ich befinde mich in einem Seelenzustand, wo mir von außen her überhaupt nicht geholfen werden kann, weil ich im tiefsten Innern schon überwunden habe, erkannt habe und glücklich bin ... Es ist das Glück des Siegers, der das Ende des Kampfes voraussieht ... Ich kann nicht abseits stehen, weil es für mich abseits kein Glück gibt, weil es ohne Wahrheit kein Glück gibt – und dieser Krieg ist im Grunde ein Krieg um die Wahrheit ... Ich meine dies nicht politisch, sondern persönlich, geistig. Ich bin vor die Wahl gestellt worden."[20]

„Nicht zurückzusinken ins Wohlbehagen, in Herdenwärme, ins Spießbürgertum" – Sophie Scholl

Seit Mai 1942 zählte auch die einundzwanzigjährige Sophie Scholl zum studentischen Freundeskreis. Zuvor hatte sie eine Ausbildung als Kindergärtnerin absolviert, in der Hoffnung, sie würde ihr als Ersatz für den Reichsarbeitsdienst angerechnet werden. Diese Hoffnung erfüllte sich nicht. Anschließend mußte sie, um studieren zu können, weitere sechs Monate Kriegshilfsdienst als Kindergärtnerin ableisten. Erst danach konnte sie im Sommersemester 1942, ebenfalls in München, das Studium der Biologie und Philosophie beginnen. Sie zog sehr früh aus ihrer Ablehnung des Regimes die Konsequenz politischen Handelns. Politisch – das bedeutete: sie setzte das, was sie am Staat Hitlers als Bedrohung empfand, in die Formulierung einer eigenen Position um. Ihre Sicht der Dinge ist nicht zu trennen von den Erfahrungen, die Sophie Scholl in ihrer Jugend gemacht hatte, und die dazu beitrugen, daß sie sich dem Nationalsozialismus immer mehr entfremdete. Sie bemerkte den Rassismus des Dritten Reiches, der ihre jüdischen Freundinnen diskriminierte, registrierte seine intellektuelle Borniertheit, wenn Heinrich Heine wegen seiner jüdischen Herkunft nicht mehr gelesen werden durfte. Von ihrer Freundin Susanne Hirzel als „zurückhaltend ... still und eher in sich gekehrt“[21] beschrieben, löste sie sich schon früh von den Rollenzuweisungen des nationalsozialistischen Regimes. In ihrer Beziehung zu Fritz Hartnagel, einem vier Jahre älteren Berufsoffizier, ist sie die politisch Tonangebende gewesen, „Du findest es sicher unweiblich, wie ich Dir schreibe. Es wirkt lächerlich an einem Mädchen, wenn es sich um Politik kümmert. Sie soll ihre weiblichen Gefühle bestimmen lassen über ihr Denken. Vor allem das Mitleid. Ich aber finde, daß zuerst das Denken kommt, und daß Gefühle oft irreleiten, weil man über dem Kleinen, das einen vielleicht unmittelbarer betrifft, vielleicht am eigenen Leib, das Große kaum mehr sieht“ lesen wir in einem an Hartnagel gerichteten Brief.[22] Zwischen Fritz Hartnagel, der seinen Offiziersberuf als Verwirklichung jugendbewegter Ideale verstand, und Sophie Scholl kam es wegen seiner Beteiligung am nationalsozialistischen Krieg zum Konflikt. Kurz nach Kriegsbeginn, am 5. September 1939, schrieb sie ihm: „Nun werdet ihr ja genug zu tun haben. Ich kann es nicht begreifen, daß nun dauernd Menschen in Lebensgefahr gebracht werden von anderen Menschen. Ich kann es nie begreifen und ich finde es entsetzlich. Sag nicht, es ist für's Vaterland.“[23] Konsequent lehnte sie jede Unterstützung des nationalsozialistischen Krieges ab. Von Hartnagel wegen ihrer Weigerung, für das Winterhilfswerk zu spenden, zur Rede gestellt, erwiderte sie: „Ob jetzt deutsche Soldaten erfrieren oder russische, das bleibt sich gleich und ist gleichermaßen schlimm. Aber wir müssen den Krieg verlieren. Wenn wir jetzt Wollsachen spenden, tragen wir dazu bei, den Krieg zu verlängern.“[24]

Freundschaft – Basis des Widerstands

Intensive persönliche Freundschaft auf der Grundlage ähnlicher, aber unterschiedlich akzentuierter Wertesysteme, nicht auf einer gemeinsamen konsistenten Weltanschauung basierendes Programm bildete das Fundament der Gruppe. Das gilt besonders für die Beziehung zwischen Christoph Probst, Alexander Schmorell, Hans Scholl und Willi Graf. Wie eng die Beziehungen untereinander nach nur eineinhalb gemeinsamen Jahren verwoben waren, illustriert ein Brief Christoph Probsts an Hans Scholl: „Es ist merkwürdig, daß gerade jetzt der erste Brief von Dir kam, denn gerade in der letzten Woche ist ein so starkes Gefühl der Sehnsucht nach Euch in mir erwacht. Es ist wahr: ich habe alles erlebt und gesehen als sei es mit Euch zusammen und ich habe die Trennung oft so schmerzlich empfunden. Immermehr habe ich gespürt, wie sehr mein Leben dieser echten männlichen Freundschaft bedarf, des geistigen Austausches, – aber noch viel mehr dessen der Herzen.“[25] Freundschaft schuf den Rückzugsraum, der erst die Sicherheit für oppositionelles Handeln gewährleistete. Insofern war die Situation der Weißen Rose, deren Mitglieder sich als Studenten meist außerhalb ihres angestammten Bekanntenkreises bewegten, ungleich schwieriger als etwa die des Arbeiterwiderstands in den dreißiger Jahren und der national-konservativen Opposition, die beide mehrheitlich innerhalb ihrer angestammten Solidarstrukturen operieren konnten.

Religion

Welche Rolle spielte die Religion, oder besser: die Religiosität im Leben des Münchener Freundeskreises? Traute Lafrenz, eine Freundin Hans Scholls, berichtet, daß die Bestimmung ihres religiösen Standortes für alle Mitglieder des Freundeskreises ein zentrales Problem war. Die Art jedoch, wie sie damit umgingen, unterschied sie erheblich voneinander.

Im Vergleich zu seinen Freunden aus der Weißen Rose nahm Willi Graf durch seine selbstverständliche Religiosität eine Sonderstellung ein: Sein Glaube gab ihm Ruhe und Sicherheit, war ihm gleichzeitig moralische Instanz, Basis für Freundschaften und immer wieder Anleitung zum Handeln in konkreten Situationen. Die anderen verband ein Christentum, das nicht streng an eine Konfession gebunden war. Sophie Scholl rang um ein inniges Verhältnis zu ihrem Gott, auch wenn er in Tagebuchaufzeichnungen übermächtig, ja unnahbar anmutet. Wie ihr Bruder Hans durch die Mutter protestantisch erzogen, zeigte sie Interesse für die katholische Religion. Im April 1941 notiert sie in ihr Tagebuch: „Ich möchte sehr gerne einmal in die Kirche, nicht in die evangelische, wo ich kritisch den Worten des Pfarrers zuhöre. Sondern in die andere, wo ich alles erleide, nur offen sein muß und hinnehmen. Ob dies aber das Rechte ist?“[26] Von Alexander Schmorell ist bekannt, daß er häufig den russischen Gottesdienst besuchte. Jedoch scheint sein religiöses Empfinden eher an den orthodoxen Ritus denn an die Konfession gebunden gewesen zu sein. Christoph Probst, der ohne feste konfessionelle Bindungen erzogen worden war, näherte sich über seinen Schwiegervater, Harald Dohrn, einem katholischen Konvertiten, aus einer freireligiösen Position allmählich dem katholischen Glauben an, ohne daß er sich eng an die Amtskirche band. Jedoch gewannen vor allem durch den Einfluß Hans Scholls um die Jahreswende 1942/43 religiöse Themen für ihn zunehmend an Bedeutung.[27] Für Hans Scholl selbst scheint Religion bis zur Begegnung mit Carl Muth kein wichtiger Gegenstand gewesen zu sein, doch veränderte sich sein religiöses Empfinden seit diesem Zeitpunkt nachhaltig. Das uns heute ein wenig fremd anmutende Pathos eines an Muth adressierten Briefes charakterisiert treffend den psychischen Zustand des Verfassers, für den die Neubestimmung seines religiösen Standorts mit einer grundsätzlichen Umorientierung verbunden war: „Ich bin erfüllt von der Freude, zum ersten Mal in meinem Leben Weihnachten eigentlich und in klarer Überzeugung christlich zu feiern ... Ich hörte den Namen des Herrn und vernahm ihn. In diese Zeit fällt meine erste Begegnung mit Ihnen ... Dann ist es wie Schuppen von meinen Augen gefallen. Ich bete. Ich spüre einen sicheren Hintergrund und ich sehe ein sicheres Ziel. Mir ist in diesem Jahre Christus neu geboren“, bekennt Hans Scholl im Advent 1941.[28]

Halten wir fest: Religion war ein zentraler Bestandteil ihres Lebens, überkonfessionell und nicht auf kirchliche Orthodoxien fixiert, mehr an eine individuelle Entscheidung als an die Herkunft gebunden. Wenn auch, vor allem für Willi Graf, wichtig bei der Distanzierung vom Nationalsozialismus, kommt sie jedoch als Beweggrund ihrer Widerstandstätigkeit kaum in Betracht. Hierzu war sie zu indifferent, zu wenig handlungsleitende Instanz.

Kurt Huber — ein politischer Gelehrter

Auf einer privaten Lesung des Schriftstellers Sigismund v. Radecki erlebten die Studenten im Frühsommer 1942 Professor Huber, den sie schon aus seinen Vorlesungen kannten, erstmals im vertrauten Kreis. Als sich — zum Entsetzen der Gastgeberin — aus dem literarischen Zirkel eine heftige politische Diskussion entspann, imponierte er den Freunden durch sein energisches Auftreten gegen das Dritte Reich.

Kurt Huber lehrte seit 1926 als außerplanmäßiger Professor Philosophie, Musikwissenschaft und Psychologie an der Universität München. Ihm blieb, obwohl als Wissenschaftler und akademischer Lehrer sehr angesehen, eine ordentliche Professur zeitlebens verwehrt. Zum einen hing dies mit seinem ungewöhnlich breiten Interessenspektrum zusammen: Musikwissenschaft und Psychologie waren nach dem Krieg als akademische Disziplinen nicht fest etabliert, in ihrer Kombination erschienen sie manchem weniger universellen Kollegen gar bedrohlich. Nach der

Machtergreifung trug auch eine leichte körperliche Behinderung dazu bei, sein akademisches Fortkommen zu erschweren. Als außerplanmäßiger, zunächst nichtverbeamteter Professor war Kurt Huber auf einen schlecht dotierten Lehrauftrag und Vertretungen bei Lehramtsprüfungen angewiesen. Mit weniger als 300 Mark im Monat, kaum mehr als die Angehörigen der Studentenkompanie an Wehrsold erhielten, mußte er seine Frau und zwei Kinder ernähren. Seine Tochter schildert Kurt Huber als Menschen, der große Gegensätze in sich vereinigte: autoritär, aufbrausend, ja cholerisch sei er gewesen, aber auch ein zärtlicher, herzlicher Familienvater.

Als akademischer Lehrer muß Kurt Huber eine faszinierende Erscheinung gewesen sein. Einen „Lehrer vertieften Denkens",[29] so hat ihn Hermine Maier, eine ehemalige Studentin Hubers, rückblickend genannt. Begabten Schülern widmete er sich mit einer Intensität, die heutigen Studenten deutscher Universitäten kaum vorstellbar erscheint. Dadurch, daß er auch nach der Machtergreifung weiter auf seiner wissenschaftlichen Integrität beharrte — während viele Kollegen sich anpaßten oder durch gesinnungstreue Kandidaten ersetzt wurden — entwickelten sich Professor Hubers Lehrveranstaltungen zu einem der seltenen Orte kritischen Denkens in der nationalsozialistischen Universität. Besonders die oft mit sarkastischen Bemerkungen über zensierte Bücher und verbotene Autoren gespickten Philosophievorlesungen zogen Hörer aller Fakultäten, unter ihnen auch Jürgen Wittenstein, Willi Graf und die Geschwister Scholl, in ihren Bann.[30] Obwohl Kurt Huber auch über philosophische Themen las, bildete die Volksmusikforschung sein eigentliches Spezialgebiet. Hier finden sich, analog zu den meisten Volkskundlern dieser Zeit, Ansätze, die auf den ersten Blick gedankliche Nähe zur NS-Ideologie vermuten lassen. Bei diesen „völkischen" Elementen im Werk Kurt Hubers handelt es sich jedoch weniger um spezifisch nationalsozialistisches, sondern in der zeitgenössischen Fachwissenschaft verbreitetes, von Autoren verschiedenster Richtungen popularisiertes Gedankengut. Von der germanentümelnden Naivität selbsternannter „Volkskundler" nationalsozialistischer Observanz trennte ihn nicht nur sein wissenschaftliches Ethos, auch der bornierte Rassismus nationalsozialistischer Volkstumsideologie war ihm fremd.

Schwieriger als sein Wissenschaftsverständnis ist Kurt Hubers politische Überzeugung zu umreißen. In der Weimarer Republik gehörte er einige Jahre der Bayrischen Volkspartei an. Diese katholisch-konservativ geprägte Partei vertrat eine Politik, die besonders die Selbständigkeit Bayerns gegenüber dem Reich betonte. In Hubers Kritik an vielen politischen und kulturellen Entwicklungen der Weimarer Republik sowie in seinem gerade im Kreis der Weißen Rose offensiv vorgetragenem Antibolschewismus, fanden sich Berührungspunkte mit den Zielen der NSDAP, so daß es nicht überrascht, wenn er zunächst mit ihr sympathisierte.

Trotz deutlicher kulturpolitischer Differenzen arbeitete Huber für das Münchener Kulturamt, wurde in den Reichsausschuß für deutsche Volksliedforschung berufen, nutzte die NS-Publizistik zur Verbreitung seiner Ideen. Sein instrumentelles Verhältnis zu den neuen Machthabern spiegelt sich in einem an die Deutsche Akademie gerichteten Schreiben vom April 1934, gut ein Jahr nach der nationalsozialistischen „Machtergreifung": „Ich schalte die D.A. [Deutsche Akademie, d.V.] überall ein, damit die Sache nicht ohne uns gemacht wird ... Ich selbst halte vom Kampfbund und von Kraft mit oder ohne Freude genau so viel wie Sie. Aber wir dürfen uns nicht ausschalten, sondern müssen immer schärfer die geistige Leitung aller Volksliedveranstaltungen für die D.A. beanspruchen. Ich mache auch jedesmal zur Bedingung, daß an den von mir aufgestellten oder durchbesprochenen Programmen nichts geändert werden darf ... Jetzt müßten wir unbedingt Gelegenheit nehmen, die geistige Leitung der Volksliedveranstaltungen, die Volksliedsammlungen und die Durchführung für die D.A. allein in Anspruch zu nehmen, für Aufnahmen aber umgekehrt uns die Gelder von KdF [Kraft durch Freude, d. V.] nutzbar zu machen ... Der KdF tut in Programmangelegenheiten, was ich vorschlage."[31]

Dieser Schein trog. Seinem anfänglichen Engagement folgte bald die Ernüchterung angesichts einer Praxis nationalsozialistischer Kulturpolitik, die weniger an der Volksliedpflege, als an der Instrumentalisierung des Brauchtums zur Stabilisierung der NS-Herrschaft interessiert gewesen ist. Trotzdem blieb Kurt Hubers Verhältnis zum herrschenden Regime zumindest bis zum Kriegsausbruch durch eine überraschend weitgehende Kooperationsbereitschaft geprägt. Daß er im Zusammenhang mit seiner bevorstehenden Verbeamtung dem Dekan der Philosophischen Fakultät mitteilte, „ich ... habe ... dem Referenten im Reichserziehungsministerium ausdrücklich die Erklärung abgegeben, daß ich, sobald die Partei wieder geöffnet sein wird, mein Gesuch um Aufnahme in die Partei einreichen werde"[32] und fast zeitgleich gegenüber seiner Frau bedauerte, daß es keine Widerstandsmöglichkeit gebe, weswegen er sich vor seinen Studenten ob seiner Untätigkeit schämen müsse, zeigt die Schwierigkeit seiner Position, die ihn als Amtsträger der nationalsozialistischen Universität und Familienvater immer wieder zur Anpassung an das ungeliebte Regime nötigte. Seine Kooperationsbereitschaft hinterließ Spuren in der Einschätzung durch nationalsozialistische Hochschulpolitiker: Der Dekan der philosophischen Fakultät SS–Oberführer Walther Wüst bescheinigte ihm, daß er ihn „bisher für politisch neutral, dabei aber national zuverlässig" gehalten habe, obwohl eine „gewisse Hinneigung zu katholisch–betonter Philosophie festzustellen"[33] sei. Seitens der Ministerial– und Parteibürokratie bestanden gegen Huber größere Bedenken.

Als die Fakultät ihn im Mai 1935 für die Wiederbesetzung einer freigewordenen Professur ins Gespräch brachte, lehnte das bayrische Kultusministerium mit der Begründung ab, daß er politisch „nicht tragbar"[34] sei. Die Zweifel an seiner politischen Einstellung verdichteten sich, als Huber 1937 Direktor der Abteilung für Volksmusik am Staatsinstitut für deutsche Musikforschung in Berlin werden sollte. Hier hintertrieb das für Weltanschauungsfragen zuständige Amt Rosenberg seine Berufung, da es in ihm einen „geistigen Vertreter der Katholischen Aktion"[35] vermutete. Trotzdem wurde Huber im Mai 1940 zum verbeamteten außerplanmäßigen Professor ernannt, nachdem er zuvor, vermutlich um endlich den drückenden materiellen Sorgen zu entgehen, seine Aufnahme in die NSDAP beantragt hatte.[36]

Die Zwischenbilanz bleibt zwiespältig: begriffliche Ähnlichkeiten zum nationalsozialistischen Sprachgebrauch und die besonders am Anfang vorhandene Kooperationsbereitschaft in der musikalischen Volkskunde stehen unvermittelt neben differenziertem wissenschaftlichem Urteil und, vor allem im privaten Bereich, heftig geäußerter Kritik am Nationalsozialismus. Kurt Huber ähnelt in seiner Biographie bis hierhin vielen Vertretern des national–konservativen Widerstands. Der in mancher Hinsicht amorphe Charakter des nationalsozialistischen Ideenbreis ermöglichte gerade wegen seiner Verschwommenheit geistige Schnittmengen mit konservativem, dabei moralisch und wissenschaftlich integrem Denken. Das Beispiel Kurt Hubers zeigt, daß sich widerständiges Verhalten der simplen Einordnung in ein durch politisches und wissenschaftliches Selbstverständnis, Sozialstatus und konfessionelle Bindung eindeutig bestimmbares „dafür oder dagegen–Schema" mit daraus ableitbaren Handlungsmustern entzieht.

III. „Nicht nur in Gedanken, sondern auch in der Tat ... Gesinnung ... zeigen“ Widerstand der Weißen Rose 1942/43

Vom Diskussionszirkel zum Widerstandskreis

Ähnlich den Leseabenden bot eine in kleiner Auflage hektographierte Schrift innerhalb des Ulmer Freundeskreises der Geschwister Scholl Raum für den Austausch von Gedanken, Gedichten, auch kleineren philosophischen oder theologischen Aufsätzen. Das mit der Post versandte „Windlicht“ fungierte seit Sommer 1941 zugleich als Bindeglied zwischen dem Wehrmachtsangehörigen Otl Aicher, Inge und Sophie Scholl in Ulm, Hans Scholl in München und einigen anderen Freunden, die der Krieg über ganz Europa verstreut hatte. Dieser Weg könnte als Vorbild für die spätere Verbreitung der „Flugblätter der Weißen Rose“ gewirkt haben. Inge Scholl berichtet auch von dem Einfluß, den hektographierte Predigten des Münsteraner Bischofs Clemens Graf von Galen, der die Morde in psychiatrischen Anstalten angeprangert hatte, auf Hans Scholl ausübten. Vermutlich brachten ihn die mit der Post vertriebenen Flugschriften auf die Idee, einen ähnlichen Weg zu gehen.

Auch die Veränderung der in den Gesprächskreisen behandelten Themen wird den Entschluß, Flugblätter herzustellen, begünstigt haben. Unter dem Einfluß katholischer Intellektueller öffneten sich die Gesprächskreise im neuen Jahr religionsphilosophischen und weltanschaulichen Fragen. Dabei entwickelten sich diese Abende immer mehr von Orten kultureller Dissidenz zu Foren der Opposition. Durch Josef Furtmeier, einen Justizbeamten, der sich pensionieren ließ, um nicht Mittäter im nationalsozialistischen Unrechtsregime zu werden, lernte Hans Scholl im Frühjahr 1942 den im besetzten Polen beschäftigten Architekten Manfred Eickemeyer kennen. Er berichtete den Studenten erstmals aus eigener Anschauung von den deutschen Verbrechen an der polnischen Zivilbevölkerung und stellte sein Schwabinger Atelier als neuen Treffpunkt zur Verfügung. Spätestens aus den Diskussionen dieser Abende, die mitunter in heftige politische Auseinandersetzungen mündeten, entwickelte sich, zunächst bei Hans und Alexander, die Überzeugung von der Notwendigkeit, etwas gegen das Regime zu unternehmen. Wann genau die beiden sich entschlossen, Flugblätter zu verbreiten, ist nicht mehr eindeutig feststellbar. Wir wissen nur, daß Hans Scholl noch im Januar 1942 gegenüber dem Ulmer Freund Hans Hirzel große Bedenken äußerte, ob es erlaubt sei, „in das Rad der Geschichte einzugreifen.“[37]

Genauer schon lassen sich die Initiatoren fassen: Alexander Schmorell und Hans Scholl begannen gemeinsam, regimefeindliche Flugblätter zu verbreiten. Dabei scheint Hans Scholl nach der Überwindung seiner Zweifel die Initiative ergriffen zu haben. Ohne die logistische Arbeit, die nach Erinnerung seiner Bekannten Lilo Ramdohr Alexander Schmorell weitgehend alleine leistete, und seine finanzielle Unterstüzung wäre das Unternehmen jedoch kaum realisierbar gewesen.

Die Lesekreise standen schon für Verweigerung, aber auch noch für den Rückzug in die unpolitische Privatheit, für Beharrung, die nicht so sehr auf die Rückdämmung des Nationalsozialismus hinwirkte, sondern primär vertraute Lebenssphären zu erhalten suchte. Mit den Flugblättern begann eine neue Stufe widerständigen Handelns: Aus der Nonkonformität im privaten Bereich trugen sie die Normverletzung in die Öffentlichkeit.

Die „Weiße Rose" – Herkunft und Bedeutung

Die Überschrift „Flugblätter der Weißen Rose", mit der Alexander Schmorell und Hans Scholl ihre ersten Flugschriften versahen, ist heute ein Synonym für studentischen Widerstand. Im Frühsommer 1942 mag der Begriff eher Erstaunen ausgelöst haben, verbindet er doch einen poetischen Namen mit unmißverständlich antinationalsozialistischer Prosa. Zur Herkunft des Namens gibt es zahlreiche Versionen, die meisten vereinen mangelnde Überprüfbarkeit mit fehlender Plausibilität. Auch die in der Anklageschrift enthaltene Version, der Name sei „willkürlich gewählt" und gehe „auf die Lektüre eines spanischen Romans mit dieser Überschrift zurück",[38] beruht auf einem Übertragungsfehler. Bei seiner Vernehmung spricht Hans Scholl von dem Eindruck, den die „spanischen Romanzen von Brentano ›Die Rosa Blanca‹"[39] auf ihn gemacht hätten. Sehr wahrscheinlich ist dies jedoch eine Finte, um der Gestapo den eigentlichen Ideenkreis vorzuenthalten, und damit seine Jugendfreunde zu schützen. Sicher ist, daß die Motive der Namensgebung nicht isoliert zu betrachten sind, sondern mehrere Faktoren zusammengewirkt haben. Die antike Bedeutung der Rose als Symbol der Verschwiegenheit wird Hans Scholl wohl vertraut gewesen sein, auch daß sie seit dem Mittelalter in der christlichen Ikonographie als Symbol der Reinheit und des Märtyrertums galt. Plausibler als diese Motive ist jedoch ein anderer Bezugspunkt: die bündische Vergangenheit Hans Scholls. In der dj. 1.11 spielte das Symbol der Blüte, sei es abstrakt, sei es als Rosenblüte, eine wichtige Rolle. Als Symbol für die Musen bildete sie das Gegengewicht zum durch das Schwert verkörperten Soldatentum. Die Kombination von Schwert und Blüte zierte den Einband von Tusks „Heldenfibel" ebenso wie manche Umschlagseite des „Eisbrechers", beides Literatur aus dem Kontext der bündischen Jugend, die Hans Scholl mit Sicherheit bekannt gewesen ist.[40] Im August 1938 bat er Fritz Stelzer, einen Grafiker, den er aus der dj. 1.11 kannte, für ihn ein Briefpapier zu entwerfen: „Oben mit einem waagerechten Schwert mit einer Blume und darunter das Wort: ›Trabanten‹" – dem Namen seiner Stuttgarter Jungengruppe.[41]

„Die Weiße Rose läßt euch keine Ruhe!" – Flugblätter im Juni/Juli 1942

„Nichts ist eines Kulturvolkes unwürdiger, als sich ohne Widerstand von einer verantwortungslosen und dunklen Trieben ergebenen Herrscherclique ›regieren‹ zu lassen", so beginnt das erste von vier im Sommer 1942 verbreiteten Flugblättern der Weißen Rose. Dort heißt es weiter: „Wenn das deutsche Volk schon so in seinem tiefsten Wesen korrumpiert und zerfallen ist, daß es ohne eine Hand zu regen ... das Höchste, das ein Mensch besitzt, und das ihn über jede andere Kreatur erhöht, nämlich den freien Willen, preisgibt, die Freiheit des Menschen preisgibt, selbst mit einzugreifen in das Rad der Geschichte und es seiner vernünftigen Entscheidung unterzuordnen, wenn die Deutschen so jeder Individualität bar, schon so sehr zur geistlosen und feigen Masse geworden sind, dann, ja dann verdienen sie den Untergang ... Wenn jeder wartet, bis der Andere anfängt, werden die Boten der rächenden Nemesis unaufhaltsam näher und näher rücken ... Daher muß jeder einzelne ... in dieser letzten Stunde sich wehren so viel er kann, arbeiten wider die Geißel der Menschheit, wider den Faschismus und jedes ihm ähnliche System des absoluten Staates. Leistet passiven Widerstand – Widerstand – wo immer ihr auch seid, verhindert das Weiterlaufen dieser atheistischen Kriegsmaschine, ehe es zu spät ist, ehe die letzten Städte ein Trümmerhaufen sind, gleich Köln."[42]

Damit klingen gleich zu Beginn zentrale Themen des Widerstands der Weißen Rose an: Wiederherstellung persönlicher Freiheit und einer vernunftgeleiteten Gesellschaftsordnung. Zwei weitere Gedankengänge, die auch die übrigen Flugblätter durchziehen, zeichnen sich hier ab: zum einen das Gefühl, an einer Zeitenwende zu stehen, die mit dem Ende des NS-Regimes verbunden ist. Zum anderen greifen die Texte die aktuelle politische Lage auf. Besonders das erste Flugblatt steht unter dem Eindruck der im Frühjahr 1942 einsetzenden Luftangriffe auf deutsche Städte, deren schwerster Köln Ende Mai getroffen hatte. Gemeinsam ist allen Flugblättern ihr appellativer Charakter. Sie wollen die Bevölkerung aufrütteln aus der Apathie ihres „stumpfen, blöden Schlaf[es]",[43] der Herrschaft und Verbrechen der Nationalsozialisten erst ermöglichte.

Daraus resultiert in den Augen der Autoren nicht nur die Pflicht zur Solidarität mit den Opfern, sondern, darauf verweisen die Aufrufe immer wieder mit aller Entschiedenheit, die Mitschuld des Deutschen: „Denn er gibt durch sein apathisches Verhalten diesen dunklen Menschen erst die Möglichkeit, so zu handeln, er leidet diese ›Regierung‹, die eine so unendliche Schuld auf sich geladen hat, ja, er ist doch selbst schuld daran, daß sie überhaupt entstehen konnte! Ein jeder will sich von einer solchen Mitschuld freisprechen, ein jeder tut es und schläft dann wieder mit ruhigstem, bestem Gewissen. Aber er kann sich nicht freisprechen, ein jeder ist *schuldig, schuldig, schuldig!*"[44] Aus dieser Erkenntnis leiteten die Verfasser eine „sittliche Pflicht"[45] ab, das NS-Regime zu beseitigen.

Analog zu den Leseabenden, knüpft die Strategie der Weißen Rose am Bewußtsein jedes Einzelnen an. „Jetzt kommt es darauf an ... aufzuklären von Mensch zu Mensch, immer daran zu denken und sich keine Ruhe zu geben, bis auch der letzte von der äußersten Notwendigkeit seines Kämpfens wider dieses System überzeugt ist."[46] Die Folgen aus der angestrebten „Erneuerung des schwerverwundeten deutschen Geistes von innen her"[47] wären weitgehend gewesen, viel weitgehender, als daß sie der Großteil der deutschen Bevölkerung bei allen Mäkeleien über den nationalsozialistischen Alltag mitgetragen hätte. „Mit aller Brutalität muß die Kluft zwischen dem besseren Teil des Volkes und allem, was mit dem Nationalsozialismus zusammenhängt, aufgerissen werden."[48] Diese Trennung zwischen der NSDAP und der Bevölkerung konnten viele Deutsche im vierten Kriegsjahr, als der Einflußbereich des Regimes seinen Höhepunkt erreicht hatte, nicht nachvollziehen. Im Juli 1942, zu einer Zeit, in der die meisten noch an den „Endsieg" glaubten, formulierte das dritte Flugblatt: „Nicht der militärische Sieg über den Bolschewismus darf die erste Sorge für jeden Deutschen sein, sondern die Niederlage der Nationalsozialisten. Dies muß *unbedingt* an erster Stelle stehn"[49] – auch das eine Forderung, die die Bevölkerung kaum zu der ihren gemacht hätte.

Alle vier Aufrufe haben eine Botschaft gemeinsam: Bekämpft den Nationalsozialismus, leistet Widerstand! Mit dem häufig verwendeten Begriff des „passiven Widerstandes" verbinden sich im dritten Flugblatt konkrete Vorschläge, die das Weiterlaufen der nationalsozialistischen Kriegsmaschinerie hemmen, das Regime diskreditieren und so zur Beendigung des Krieges beitragen sollen: „An allen Stellen muß der Nationalsozialismus angegriffen werden, an denen er nur angreifbar ist ... Sabotage in rüstungs- und kriegswichtigen Betrieben, Sabotage in allen Versammlungen, Kundgebungen, Festlichkeiten, Organisationen, die durch die nat.-soz. Partei ins Leben gerufen werden ... Sabotage auf allen wissenschaftlichen und geistigen Gebieten, die für eine Fortführung des gegenwärtigen Krieges tätig sind – sei es in Universitäten, Hochschulen, Forschungsanstalten ... Sabotage in allen Veranstaltungen kultureller Art, die das ›Ansehen‹ der Faschisten im Volk heben könnten. Sabotage in allen Zweigen der bildenden Künste, die nur im geringsten im Zusammenhang mit dem Nationalsozialismus stehen und ihm dienen. Sabotage in allem Schrifttum, allen Zeitungen, die im Solde der ›Regierung‹ stehen ... Opfert nicht einen Pfennig bei Straßensammlungen ... Gebt nichts für die Metall-, Spinnstoff- und andere Sammlungen!"[50]

Im Sommer 1942 waren solche Flugblätter ein Skandalon, im Wortsinne unerhört, denn die Ende Juni bis Mitte Juli publizierten Texte griffen die nationalsozialistische Herrschaft an einer ihrer tragenden Säulen an.[51] Der Nationalsozialismus war in hohem Maß auf den durch vorzeigbare (Schein–)Erfolge gefestigten Konsens mit der deutschen Bevölkerung angewiesen. Hierbei spielte die Kontrolle über die Medien — das was gesagt wurde, und wie es gesagt wurde — eine entscheidende Rolle. Deswegen hatte der nationalsozialistische Staat die Presse gleichgeschaltet und ihre Inhalte einer straffen, zentral gesteuerten Lenkung unterworfen, so daß sie, weitgehend einheitlich, die Meinung der Partei widerspiegelten. Wie sehr das Regime vom offiziellen Tenor abweichende Nachrichten fürchtete, zeigt das Verbot, im Krieg ausländische Rundfunksender zu hören — ein Delikt, das als „Rundfunkverbrechen" mit dem Tod bestraft werden konnte.

Die Flugblätter der Weißen Rose stellten das nationalsozialistische Kommunikationsmonopol grundsätzlich in Frage. Die ersten, nur in einer Auflage von einigen hundert hergestellten Aufrufe, verschickten die Studenten zunächst an einige ihrer Professoren, sonst an zumeist aus dem Adreßbuch Münchens ausgewählte Akademiker sowie einzelne Buchhändler. Denn für Hans Scholl ist es gerade das Versagen der Gebildeten, derjenigen „Schicht, eines Staates, die ein Volk politisch führen sollte" — das sein Handeln provoziert. Ihnen, die nicht in der Lage waren, „die einfachsten politischen Fragen richtig zu beantworten", gab er die Schuld, „daß Massenbewegungen mit ihren einfachen Parolen jede tiefere Gedankenarbeit übertönen konnten. Ich empfand, daß es höchste Zeit war, diesen Teil des Bürgertums auf seine staatspolitischen Pflichten aufs Ernsteste hinzuweisen."[52] „Auch an einige Münchener Wirte", erklärte Hans Scholl dem Vernehmendem, „habe ich diese Blätter adressiert. Ich wollte dadurch erreichen, daß sie populär werden, denn ich hoffte, daß die Wirte es an ihre Gäste weitererzählen würden."[53] Alle Flugblätter endeten mit der Aufforderung, sie weiterzuverbreiten. Obwohl sie sich mit ihrer anspruchsvollen Sprache an ein eng begrenztes Publikum wandten, war so von Beginn an ein möglichst großer Wirkungskreis ins Auge gefaßt. Bei ihrem Versuch, eine Gegenöffentlichkeit zur nationalsozialistisch gelenkten Presselandschaft zu schaffen, griffen die Autoren aktuelle politische Themen auf, interpretierten sie aber gegen die offizielle Lesart. Immer wieder machten sie dabei Dinge öffentlich, über die, wenn überhaupt, nur hinter vorgehaltener Hand geflüstert werden konnte: „nur als Beispiel", klagt das zweite Flugblatt an, „wollen wir die Tatsache kurz anführen, die Tatsache, daß seit der Eroberung Polens *dreihunderttausend Juden* in diesem Land auf bestialische Weise ermordet worden sind ... daß die gesamte polnische adelige Jugend vernichtet worden ist".[54] So brachen die Studenten als „böses Gewissen"[55] der Deutschen deren Schweigen zu den Verbrechen des Regimes. Der Tonfall der ersten vier Flugblätter kann heute befremdlich anmuten. Noch im ersten Aufruf nahmen Klassikerzitate mehr Raum ein als der selbstverfaßte Text. Deren Umfang verringerte sich jedoch stetig zugunsten eigenständig formulierter Aussagen. Das erste Flugblatt verfaßte Hans Scholl noch weitgehend allein, am zweiten und dritten Flugblatt arbeiteten er und Alexander Schmorell gemeinsam. Auf ihn gehen besonders Passagen, die die nationalsozialistischen Gewaltverbrechen anklagen sowie die Aufforderung zum passiven Widerstand zurück.[56] Die Nähe zu biblischen Bildern, die bisweilen auch apokalyptische Metaphorik der Sprache, der zivilisationskritische, manichäische Ton, besonders in den von Scholl verantworteten Teilen des dritten und vierten Flugblattes, lassen den Einfluß Carl Muths und Theodor Haeckers vermuten. Das von Hans Scholl allein entworfene vierte Flugblatt versucht eine Erklärung des Krieges, die losgelöst von der Fixierung auf das Diesseits argumentiert: „wer aber heute noch an der realen Existenz der dämonischen Mächte zweifelt, hat den metaphysischen Hintergrund dieses Krieges bei weitem nicht begriffen."[57] Der Versuch, die Gegenwart in transzendente Sinnbezüge einzuordnen, das Thema der deutschen Schuld an der Herrschaft des NS–Regimes, vor allem aber das Motiv der Umkehr, der Appell an das Gewissen des Einzelnen, finden sich auch in den Werken Theodor Haeckers, aus denen er im Rahmen der Leseabende vortrug. Wie sind solche Stellen einzuordnen? Sprechen sie für eine realitätsferne, der Wirklichkeit gegenüber blinde Sichtweise? Die Frage, ob den ersten Flugblättern ein „politischer“ oder eher „unpolitischer“ Charakter zu eigen ist, scheint uns zu einfach gestellt. Freilich, die Sprache ist bildreich, oft eher emotional denn argumentierend. Doch ihr Duktus ist nur die eine Seite. Wenn die Autoren den „Betrug des Mitmenschen“ als Charakteristikum des Nationalsozialismus sehen, seine Bewegung schon in den Jahren der Machtergreifung als „im Innersten verfault“ und auf „die stete Lüge“[58] angewiesen verstehen, erheben sie deutlich den Anspruch, nachvollziehbare Analysen des gegenwärtigen Zustands zu liefern, den Nationalsozialismus auch rational zu erklären.

Da die ersten Flugblätter auf die Frage, welche Staatsform als Alternative zum Nationalsozialismus vorzuziehen sei, keine konkrete Antwort geben, bleibt der Entwurf einer künftigen Staatsordnung unscharf. Dennoch entwickeln die Autoren schon zu Beginn ein eigenes Staatsideal, als direktes Gegenbild zur nationalsozialistischen Utopie des totalen Staates. Im dritten Flugblatt konkretisieren sich die Staatsvorstellungen der Weißen Rose. Die Autoren propagieren, von dem im Freundeskreis intensiv diskutierten Kirchenvater Augustinus inspiriert, einen „gerechten Staat, der die Freiheit des einzelnen als auch das Wohl der Gesamtheit, sichert“[59], „dessen Grund die Gerechtigkeit und dessen höchstes Gesetz das Wohl aller sein soll. Der Staat soll eine Analogie der göttlichen Ordnung darstellen, und die höchste aller Utopien, die civitas Dei ist das Vorbild, dem er sich letzten Endes nähern soll.“[60]

Vieles in diesen Flugblättern bleibt vage und bloße Andeutung, besonders in den Teilen, die sich mit der politischen Nachkriegsordnung beschäftigen. Hier gilt es, die historische Situation nicht aus den Augen zu verlieren. Zunächst, die Verfasser waren junge Erwachsene. Die meisten von ihnen konnten ihr Weltbild nicht in der pluralen Atmosphäre der Weimarer Demokratie ausbilden. Daher thematisierten sie, ohne ausgearbeitete Vorstellungen vom Leben „nach Hitler“, vor allem die Ablehnung der nationalsozialistischen Herrschaft. Auch sollte man nicht vergessen, daß die Zeit, die ihnen für Konzeption, Herstellung und Verteilung dieser Flugblätter zur Verfügung stand, äußerst knapp bemessen war: nicht mehr als zweimal sechs Wochen im Juni/Juli 1942 und im Januar/Februar 1943. Entscheidender als der Entwurf einer politischen Nachkriegsordnung scheint uns ihr Denkansatz, wie er sich besonders im vierten Flugblatt herausbildet. Es nimmt, indem es seine Leser aufruft, nicht die „kleinen Schurken dieses Systems“ zu vergessen, sich deren Namen zu merken, „auf daß keiner entkomme“[61], konkreten Bezug auf eine Nachkriegsordnung, die nicht nur in Abgrenzung zum Nationalsozialismus, sondern völlig ohne ihn gedacht wird. Eine solche Zukunft lag in dieser Zeit für die meisten Deutschen — zum Teil bewußt verdrängt — jenseits des Denkbaren.

Erweiterung der Widerstandsbasis

Langsam, tastend erweiterte sich der Kreis der Gleichgesinnten. Gleichgesinnt bedeutete in diesem Zusammenhang nicht in jedem Fall Mitwisserschaft, schon gar nicht Eingeweihtsein in alle Hintergründe der Flugblattherstellung. Im Frühsommer 1942 gehörten 10 bis 12 Personen zum Umfeld der Weißen Rose, Personen mit verschieden dichter Kommunikation zu ihrem von Alexander Schmorell und Hans Scholl gebildeten Kern. Für diesen Zeitraum von einer festgefügten Widerstandsgruppe „Weiße Rose“ zu sprechen, ist daher problematisch. Außer den Verfassern wußten zunächst nur Wenige von diesen Aktivitäten, auch gegenüber ihren Angehörigen bewahrten Hans und Alexander Stillschweigen. Die Älteren aus dem Umfeld der Leseabende waren für die geistige Entwicklung der Studenten wichtig, wurden aber nicht über die näheren Umstände der Flugblattherstellung informiert.

Anfangs bemühten sich Hans und Alexander, die Studentinnen im Freundeskreis von der eigentlichen Widerstandsarbeit fernzuhalten. Sophie Scholl und Traute Lafrenz, die damalige Freundin Hans Scholls, wurden nur informiert, weil sie den Zusammenhang zwischen den Flugblättern und ihren Freunden Ende Juni 1942, kurz nach Beginn der Flugblattverbreitung selbst aufschlüsselten. „Im Grunde habe ich es vermieden, in Gegenwart von Mädchen über Politik zu sprechen. Die gleiche Einstellung Hatte auch Hans Scholl.“[62] Solche Formulierungen, wie die von Christoph Probst, finden sich bei den meisten männlichen Mitgliedern der Weißen Rose. Hier wird deutlich, daß auch innerhalb der Weißen Rose die zeitgenössische geschlechtsspezifische Rollenverteilung vorherrschte. Den Frauen wurden nachrangige, weniger gefährliche Aufgaben zugewiesen. Traute Lafrenz beschränkte sich auf die Mithilfe bei der Weiterverbreitung der Flugblätter.

Sophie Scholl, die immer wieder dafür eintrat, „daß über allem Unterschied der Geschlechter das gemeinsame Menschsein stehe und zu verteidigen sei“[63], bestand dagegen darauf, in die Arbeit miteinbezogen zu werden. Ihr wurde die Verwaltung der gemeinsamen Kasse übertragen. Darüber hinaus war sie an der Beschaffung von Papier und dem Vertrieb der Flugblätter beteiligt. Ab wann, bzw. ob sie überhaupt an der Abfassung der Flugschriften mitarbeitete, ist indes unklar. Etwa um die gleiche Zeit wie Sophie Scholl scheint auch Christoph Probst eingeweiht worden zu sein. Jedoch wandte er sich noch im Juli 1942, als die ersten Flugblätter schon in Umlauf waren, entschieden gegen den „Aktionismus“ seines Freundes Hans.[64]

Mitte Juli kristallisierte sich für die Angehörigen der Studentenkompanien heraus, daß sie an der Ostfront famulieren würden müssen. Auf einem Abschiedsabend fanden einige Studenten mit ihren Bekannten aus dem Kreis der Leseabende im Atelier des Architekten Eickemeyer noch einmal zusammen. „Nach Annahme der Anklage kam es damals zu politischen Aussprachen, wobei sich Schmorell offen zur Theorie des passiven Widerstandes bekannte und Eickemeyer von seinen angeblichen Erlebnissen in Krakau erzählte, wo die SS durch Erschießungen von Polen und Russen das Ansehen der Wehrmacht beeinträchtigt habe.“[65] Kurt Huber, der sich sich ebenfalls unter den Eingeladenen befand, exponierte sich an diesem Abend in ausgesprochen riskanter Weise. Später erinnerte sich Manfred Eickemeyer, Huber sei „für alle Maßnahmen eingetreten, die geeignet gewesen seien, den Krieg zu beenden: illegale Propaganda, Sabotage in jeder Form und Attentate.“[66] Trotzdem weihten die Studenten ihn noch nicht in ihre Widerstandstätigkeit ein.

Zwischen Krieg und „großer Fahrt“ — Rußlandaufenthalt im Sommer 1942

Ende Juli 1942 wurden Hubert Furtwängler, Willi Graf, Alexander Schmorell und Hans Scholl zur „Feldfamulatur“ an die russische Front kommandiert. Zunächst leisteten sie als Sanitäter Dienst auf einem Hauptverbandsplatz in der Nähe des Gshatsker Flughafens, ca. 130 Kilometer südwestlich von Moskau, später als Hilfsärzte näher an der Front.

Anfangs verfügten sie über viel freie Zeit — mehr als während des Studiums in München. Besonders in den ersten Wochen bestimmten Muße und gemeinsame Unternehmungen ihren Tagesablauf. So erlebten sie die Front weniger als Kriegsschauplatz, eher schon als Fortführung bündischer Fahrten. Das „zivilisationsferne“ Rußland mit seiner weiten, unberührten Landschaft als Symbol freien, selbstbestimmten Lebens hatte in der Vorstellungswelt der Jugendbewegung, besonders bei der dj. 1.11, seit jeher eine große Rolle gespielt. In Schurik, wie Schmorell seit seiner Kindheit genannt wurde, fanden die Studenten einen Führer, der sich bemühte, den Freunden die Kultur und vor allem die Menschen seines Geburtslandes nahezubringen. So konnten sie der russischen Bevölkerung ganz anders begegnen als die meisten ihrer Kameraden, die den Einheimischen geprägt von der durch Wehrmachtsführung und Partei propagierten Trennung zwischen nordischer „Herrenrasse“ und slawischen „Untermenschen“ gegenübertraten. In den Briefen der Studenten finden sich aus dieser Zeit beschauliche, teils lyrische Landschaftsbeschreibungen, vermischt mit Erzählungen über die Begegnung mit russischen Menschen und ihrer Kultur. „Ich kenne einen alten ergrauten Fischer, diesen habe ich zum Freund. Oft sitzen wir vom frühen Morgen bis zum Sonnenuntergang am Ufer eines Flusses und fischen wie Petrus zu Christi Zeiten“, berichtet Hans Scholl im September 1942 nach Hause. „Außerdem habe ich hier im Lager mit Kriegsgefangenen und einigen russischen Mädchen einen Chor zusammengestellt. Neulich haben wir die halbe Nacht durchtanzt, daß uns am nächsten Tag die Knochen schmerzten.“[67] Hans Scholl und Willi Graf nahmen Sprachunterricht bei Sina, einer jungen Russin. „Leicht“, so notiert er in sein Journal „findet man eigentlich den Weg zu den Russen, wenn man sich um sie müht. Ich fühle mich wohl unter ihnen.“[68]

Aber selbst in ihrem verhältnismäßig ruhigen Frontabschnitt trafen sie immer wieder auf die verheerende Seite des Krieges. Vor allem Alexander Schmorell, der sich vorgenommen hatte, „weder auf Deutsche noch auf Russen zu schießen“[69], litt massiv darunter, sein Geburtsland als Angehöriger einer feindlichen Armee betreten zu müssen. Schon auf der Hinfahrt, während eines Aufenthaltes im zerstörten Warschau, hatten die Studenten das Ghetto gesehen, in dem die SS kurz zuvor begonnen hatte, Juden in die Gaskammern von Treblinka zu deportieren. „Das Elend sieht uns an. Wir wenden uns ab“, trug Willi Graf nach dem Besuch der Stadt in sein Tagebuch ein. Hans Scholl hat das Begräbnis eines Einheimischen in seinen Aufzeichnungen festgehalten: „Neulich haben Alex und ich einen Russen begraben. Er muß schon lange draußen gelegen haben. Der Kopf war vom Rumpf getrennt und die Weichteile schon verwest. Aus den halbverfaulten Kleidern krochen Würmer. Wir hatten das Grab schon fast zugeschüttet mit Erde, da fanden wir noch einen Arm. Zum Schluß haben wir ein russisches Kreuz gezimmert und am Kopfende in die Erde gesteckt.“[70]

Die Folgen des Rußlandaufenthaltes für die persönliche Entwicklung der Studenten lassen sich recht gut fassen. Schmorell, der hier die Wahrnehmung seiner Freunde entscheidend mitbestimmte, entwickelte sein Rußlandbild als Gegenutopie zur beengend empfundenen gegenwart. „Hier im Osten“, schreibt er an seine Freundin Lilo Ramdohr, „liegt die Zukunft der Menschheit. Die Welt muß anders werden, russischer, und wenn sie das nicht will oder kann, dann sind ihre Tage gezählt, dann wird es nur noch ein leeres Gefäß ohne Inhalt geben, aber keine Menschen.“[71] Für Alexander Schmorell ist der Rußlandaufenthalt eine Zeit der Identitätsfindung gewesen. Stärker denn je fühlte er sich dem russischen als dem deutschen Volk zugehörig. Ihm, der den engsten Kontakt zu dem Land und seinen Menschen aufgebaut hatte, fiel die Trennung am schwersten. An Marguerite Knittel, die spätere Frau seines Freundes Hubert Furtwängler, schrieb er im Januar 1943: „Es war die schönste, reichste Zeit meines Lebens gewesen ... Jetzt lebe ich nur von Erinnerung und von Hoffnung auf eine baldige Rückkehr – für immer. Mein Herz, meine Gedanken, meine Seele, sie sind drüben geblieben.“[72] War der Rußlandaufenthalt für Schmorell als Zeit des „inneren Wiederfindens“[73] ein uneingeschränkt positives Erlebnis, mischten sich bei Hans Scholl, ausgelöst durch den Landschaftseindruck, Selbstreflexionen mit schwankenden Stimmungslagen, bis hin zu Phrasen extremer Depression. Er litt an Alpträumen, zweifelte bisweilen am Sinn weiterer Widerstandsaktionen: „Die Deutschen“, lesen wir in einem Tagebucheintrag aus dem September 1942, „sind unverbesserlich ... Ein verlorenes Volk. Mein Pessimismus wird von Tag zu Tag größer. Die Skepsis vergiftet meine Seele, ich will fliehen, um sie zu retten; aber wohin?“[74] Bei Hans Scholl stehen Hochgefühl und Niedergeschlagenheit, Selbstreflexion und Eskapismus während seines Rußlandaufenthalts nur schwer vereinbar nebeneinander. Angewidert vom „Modergeruch der europäischen Kultur“[75] fand er Zuflucht in der Religion: „Wenn Christus nicht gelebt hätte und nicht gestorben wäre, gäbe es wirklich gar keinen Ausweg“[76], notiert er in sein

Tagebuch. Für sein zwiegespaltenes Rußlandbild waren nicht nur eigene Erlebnisse verantwortlich, sondern auch die religiös ispirierte Zivilisationskritik Dostoijewskis, von dem Hans sagte, erst hier begreife er ihn wirklich.

Die Frage nach der Bedeutung dieser Zeit für Schmorell, Scholl und Graf als Widerstandsgruppe ist weit schwerer zu beantworten, zumal sich – trotz einiger verklausulierter Hinweise im Tagebuch Grafs – im nachhinein nicht mehr feststellen läßt, ob die Freunde während ihres Rußlandaufenthalts an der Ausweitung ihrer Widerstandstätigkeit gearbeitet haben. Sicher scheint nur, daß sie während der Hin- und Rückfahrt im Zug darüber sprachen. Vor dem Volksgerichtshof wird Professor Huber später aussagen: „Im Spätherbst berichtete mir Scholl aus dem Feld in einem Brief, der mich überraschte, über seine Eindrücke von der Front. Seine ehemals schärfste Kampfstellung gegen Rußland, in der ich mit ihm besonders sympathisiert hatte, war einer wesentlich günstigeren, ja zum Teil positiven Wertung der russischen Verhältnisse gewichen."[77] So bedeutet Hans Scholls mythisches Rußlanderlebnis keine Rückkehr ins Unpolitische. Er fühlte sich, dies belegt ein an Otl Aicher adressierter Brief, dem politischen Denken gerade in dieser Zeit „mehr verbunden denn je."[78]

„Die Welt muß russischer werden" – damit war für Alexander Schmorell keine Hinwendung zum Sozialismus sowjetischer Prägung verbunden. Er unterschied genau zwischen dem Land, das er liebte und seiner Gesellschaftsordnung, die er ablehnte. Seine Überzeugung wandte sich gegen jede Form totalitären Herrschaftsanspruchs. Lilo Ramdohr berichtet rückblickend, daß er ihr gegenüber erklärt habe: „Der Bolschewismus ist nicht Rußland ... Nach dem Krieg darf es keinen Hitler mehr geben und auch der Bolschewismus [muß] restlos verschwinden."[79] „Er ist schon endgültig erledigt, und das russische Volk, der Bauer wie der Arbeiter, hassen ihn allzusehr."[80]

Für die Geschichte der Weißen Rose ist das Rußlanderlebnis aus zwei Gründen wichtig. Zunächst steht es für eine ganz persönliche Erfahrung, die der Widerstandstätigkeit weit mehr als theortische Konzepte forcierte. Das Erlebnis des nationalsozialistischen Raubkrieges hat mit Sicherheit entscheidend zur Fortführung und Weiterentwicklung ihre Widerstands beigetragen. Doch darf auch die utopische Dimension des Rußlandaufenthalts nicht außer acht gelassen werden. In das Erleben Rußland projizierten die Studenten viele Unzulänglichkeiten des eigenen Alltags. Die Weite der russischen Landschaft stand gegen die Enge des eigenen Daseins, die die freie Entfaltung der Persönlichkeit verhinderte. Die Herzlichkeit der russischen Bevölkerung kontrastierte mit der Vergiftung zwischenmenschlicher Beziehungen im nationalsozialistischen Deutschland. Die trotz der bolschewistischen Herrschaft immer noch präsente, tief im Volk verwurzelte Religiosität der russischen Bevölkerung ließ sie die Gottferne der eigenen Gesellschaft noch intensiver empfinden. Vor diesem Hintergrund erschien Rußland, trotz Krieg und Zerstörung, als beinahe idealer Ort, als „positive Utopie der Weißen Rose"[81], die all das verkörperte, was die Studenten in ihrer eigenen Existenz vermißten.

„Der Stein kommt ins Rollen" – Ausweitung des Widerstands im Winter 1942/43

Nach ihrer Rückkehr Anfang November 1942 veröffentlichten die Studenten zunächst keine weiteren Flugblätter. Während ihrer Abwesenheit hatte Sophie Scholl ihren Bekannten, den Ulmer Gymnasiasten Hans Hirzel, beauftragt, ein neues Vervielfältigungsgerät zu organisieren — ein erster faßbarer Hinweis auf ihre Beteiligung am Widerstand. Mehreres kam zusammen, das ihr den Entschluß leichter gemacht haben dürfte, sich anzuschließen: Zum einen war ihr Vater nach einer „staatsfeindlichen“ Äußerung denunziert und zu vier Monaten Gefängnis verurteilt worden. Kurz vorher, Anfang August, war ein enger Freund der Scholls, Ernst Reden, in Rußland gefallen. Nach Inge Scholls Erinnerung reagierte ihre Schwester auf diese Nachricht mit den Worten: „Schluß. Jetzt werde ich etwas tun.“[82]

Wann Willi Graf in den Kern des Widerstandskreises integriert wurde, ist nicht mehr mit letzter Sicherheit festzustellen. Vermutlich haben ihn seine neuen Freunde schon im Sommer 1942 über ihr Handeln informiert. Seiner Entscheidung ging eine lange, von intensiven Gesprächen zwischen den Studenten begleitete Phase des Abwägens voraus, denn auf den ungefähren Zeitpunkt seines Entschlusses, sich am Widerstand zu beteiligen, verweist erst ein Tagebucheintrag vom 2. Dezember 1942. Er selbst sprach davon, daß sich sein Kontakt zu den Mitgliedern der Weißen Rose erst durch den gemeinsamen Rußlandaufenthalt zu einer engen Freundschaft verdichtete.[83] Obschon Willi Graf in alle Aktionen eingebunden war, zweifelte er, im Gegensatz zu den anderen, mitunter an der Richtigkeit seines Handelns. Anfang Februar 1943 wurde auch die mit Sophie Scholl vom Reichsarbeitsdienst her bekannte Germanistikstudentin Gisela Schertling, die neue Freundin Hans Scholls, eingeweiht. Seit Anfang Dezember nach Innsbruck versetzt, traf Christoph Probst nur noch gelegentlich mit seinen Freunden zusammen. In dieser Zeit verschob sich das Entscheidungszentrum stärker zu den Geschwistern Scholl, deren gemeinsame Wohnung in der Franz-Joseph-Straße ein neuer Treffpunkt der Gruppe wurde.

Im Winter 1942/43 verbrachte der Münchener Freundeskreis einen großen Teil seiner Zeit damit, die Basis seines Widerstands auszudehnen. Der Weg, verläßliche Unterstützung zu gewinnen, gründete auf der Sicherheit, die durch Vertrauen in alte Freundschaften entstand. Dabei warb Hans Scholl bei der Gewinnung neuer Unterstützung immer wieder mit dem (höchstwahrscheinlich unzutreffenden) Hinweis, „daß er nicht allein so denke, sondern mit Persönlichkeiten in einflußreichen Stellungen bekannt sei, die seine Meinung teilen würden“, ohne jedoch Namen zu nennen.[84]

Die Ausdehnung erstreckte sich im November/Dezember 1942 in mehrere Richtungen: Traute Lafrenz, die aus Hamburg stammte, brachte im Spätherbst zwei Flugblätter dorthin. Sie besaß hier Verbindungen zu einem seit 1934/1935 bestehenden Kreis regimekritischer Studentinnen und Studenten. Dessen wichtigste Figur war Heinz Kucharski, den sie aus der gemeinsamen Schulzeit in der Hamburger Lichtwarkschule kannte. Ihm gab sie die Flugblätter und das Versprechen, weitere zu schicken. Jürgen Wittenstein berichtet von einer Verbindung zu einer Berliner Studentengruppe, an deren Spitze Hellmut Hartert gestanden habe, ein Freund Hans Scholls aus der gemeinsamen Münchener Studienzeit.

Die meisten Perspektiven bot ein Kontakt zu Falk Harnack. Harnack, bis 1941 Dramaturg am Weimarer Nationaltheater, besaß durch seinen Bruder Verbindungen zum kommunistischen Widerstand in der „Roten Kapelle“ sowie über seinen Schwager Dietrich Bonhoeffer zur Bekennenden Kirche. Lilo Ramdohr kannte Falk Harnack aus der gemeinsam in Weimar verbrachten Zeit; sie wiederum war mit Alexander Schmorell befreundet. Auf ihre Vermittlung trafen sich Hans und Alexander im November 1942 mit Falk Harnack in Chemnitz. Dies war für die Münchener nicht ungefährlich, da sie als Soldaten ihren Standort nicht ohne Erlaubnis verlassen durften. Harnack erinnerte sich nach dem Krieg daran, daß „Scholl und Schmorell ihre bisherige illegale Tätigkeit aus einer gefühlsmäßig anständigen und idealistischen Haltung heraus durchgeführt hatten“.[85] Ziel Hans Scholls sei es gewesen, „an allen deutschen Universitäten illegale studentische Zellen zu errichten, die schlagartig übereinstimmende Flugblattaktionen durchführen sollten“.[86]

Am 9. Februar 1943 traf Harnack in München mit Professor Huber, Alexander Schmorell, Hans Scholl und Willi Graf zusammen. In dieser Diskussion über Ziele und Methoden des Widerstands traten die Grenzen der Gemeinsamkeit zu Tage. Während sich Hans Scholl von den Flugblattaktionen große Mobilisierungseffekte gegen das NS–Regime erhoffte, blieb Harnack solchen Erwartungen gegenüber skeptisch. Die von ihm favorisierte Sozialisierung der Wirtschaft lehnten Hans Scholl, besonders aber Professor Huber kategorisch ab, während Alexander Schmorell sich solchen Vorstellungen gegenüber aufgeschlossener zeigte.

Willi Grafs Aussichten, den Kreis der Beteiligten auszuweiten, schienen wegen seines weitgespannten Freundeskreises aus der katholischen Jugendbewegung am erfolgversprechendsten. Bei vielen Freunden aus dem Grauen Orden stieß er allerdings auf Skepsis und Zurückhaltung, nicht nur weil sie eine Beteiligung an der Flugblattherstellung, gemessen am zu erwartenden Erfolg, für viel zu gefährlich hielten, sondern auch, weil sie den Sinn von Widerstand grundsätzlich in Frage stellten. Bei anderen war er erfolgreicher: Die Brüder Heinz und Willi Bollinger erklärten sich bereit, die Weiße Rose zu unterstützen. Heinz Bollinger, Assistent für Philosophie an der Universität Freiburg, berichtet später: „Wir verstanden uns sofort, und ich sagte ihm, daß er nicht nach Freiburg zu kommen brauche, da ich dort schon eine Widerstandsgruppe hätte. Für Saarbrücken übernahm diese Aufgabe mein Bruder (Willi Bollinger), der ... für Willi [Graf, d.V.] Urlaubsscheine und Militärfahrscheine fälschte.“[87]

Im Januar 1943 weihten die Studenten auch Kurt Huber ein.[88] Dies stellt insofern einen wichtigen Schritt dar, als Huber der erste Ältere war, der Einblick in Einzelheiten der Flugblattaktion erhielt. Was trieb Professor Huber seinerseits, den mit großen persönlichen Risiken behafteten Schritt vom im vertrauten Kreis formulierten hin zum öffentlichen Widerspruch zu vollziehen? Gerade die anfängliche Ambivalenz seiner Haltung macht weiteres Fragen nach den Beweggründen seines Handelns nötig.

Zunächst: Kurt Hubers entschiedene Haltung gegenuber dem Dritten Reich bildete sich erst allmählich heraus. Anschaulich wird dies an seinem Verhältnis zur nationalsozialistischen Außenpolitik: Wie die meisten Deutschen billigte er die Revision des Versailler Vertrages, ebenso — wie viele Deutsche — „eine starke Politik im Osten“.[89] Der Terror, den SS und Wehrmacht in den besetzten polnischen und russischen Gebieten ausübten, brachte ihn jedoch in Opposition zur nationalsozialistischen Regierung. Seine Witwe berichtet, daß die seit 1942 bruchstückweise durchsickernden Nachrichten über die Greuel im Osten nicht wenig zur politischen Radikalisierung Hubers beigetragen haben. Seine Ablehnung beschränkte sich nicht nur auf die nationalsozialistische Vernichtungspolitik; die kirchenfeindliche Religionspolitik bildete ein weiteres zentrales Motiv seines Aufbegehrens. In einer im November 1942 an der Münchener Universität vorgetragenen biographischen Skizze des Philosophen Leibniz kontrastierte Kurt Huber in einem perfekt inszenierten Beispiel für die Kunst der begrifflichen Tarnung dessen antiabsolutistischen Staatsbegriff indirekt mit der nationalsozialistischen Realität und pointierte damit die Unzulänglichkeit der Gegenwart auf vierfache Weise: Gegenüber der kirchenfeindlichen Herrschaft des Nationalsozialismus propagierte Kurt Huber eine Staatsordnung, die die religiöse Freiheit des Einzelnen garantieren sollte. Er demaskierte die längst verlorengegangene, durch propagandistische Massenrituale nur kurzfristig wiederherstellbare Identität von Regime und Bevölkerung, indem er sie mit dem durch Willensidentität von Herrschern und Beherrschten definierten Leibnizschen Staatsbegriff kontrastierte, betonte gegenüber dem nationalsozialistischen Führerabsolutismus die Bindung auch des Regenten an Gemeinwohl und Gesetz, und entwarf schließlich als Alternative zum herrschenden Führerprinzip ein Treuegefolgschaftsverhältnis, das nicht auf Gewalt, sondern die freie Wahl souveräner Individuen gegründet war.[90]

Bei Huber hat darüber hinaus ein konkretes Erlebnis den Schritt von der Mitwisser- in die Mittäterschaft provoziert: „Den entscheidenden Anstoß zu einer völligen Änderung in meiner Einstellung gab die Einberufung der Studentenversammlung durch Gauleiter Giesler im Kongreßsaal des Deutschen Museums. Ich empfand es als ein schlechthin undiskutierbares Vorgehen gegen deutsche Frontstudenten, daß ihnen zugemutet wurde, sich vor Betreten der Versammlung abstempeln zu lassen mit der Drohung, daß, wer nicht abgestempelt sei, im folgenden Semester an keiner deutschen Universität inskribiert werde. Ich sehe nach wie vor in dieser Maßnahme des Gauleiters nicht nur eine ungeheure Verachtung des deutschen Studenten, und der deutschen Bildung, sondern einen unmittelbaren Angriff auf die deutsche Armee ... Mir scheint diese Anmaßung noch weit schwerer unruhestiftend gewirkt zu haben, als die Beleidigung der Studentinnen durch den Studentenführer und leider durch den Herrn Gauleiter ... Nicht die Beleidigung selbst, sondern die Behandlung der Beleidigung in der Presse und den Studenten gegenüber hat mich aufs tiefste empört. Ich nahm mir fest vor, jetzt einmal aus der Reserve herauszugehen und auf irgend eine Weise nicht einem Publikum, sondern den maßgebenden Stellen der Partei Kunde zu geben, wie man im Volk, in der deutschen Studenten- und Professorenschaft über diesen Schritt gegen persönliche Freiheit und Ehre denkt. In diesem Augenblick stieg in mir erst der Gedanke auf, die Flugblattaktion Scholl's hiezu zu benützen."[91]

Huber nimmt hier Bezug auf die Vorfälle bei der 470-Jahr-Feier der Universität: Am 13. Januar 1943 hatte sich der kommissarische Gauleiter Giesler anzüglich über studierende Frauen geäußert und ihnen in schlüpfrigen Formulierungen die Berechtigung zu studieren abgesprochen. Die Empörung, mit der die Studentinnen und Studenten auf diese Angriffe reagierten, mündete in Rangeleien zwischen Studenten und den herbeigerufenen Ordnungskräften, die damit begonnen hatten, deren protestierende Kommilitoninnen zu verhaften.

Hubers Kontakt zur Weißen Rose blieb eingeschränkt; nur gelegentlich besuchten ihn die Studenten in seiner Gräfelfinger Wohnung. Während die anderen im Hintergrund verharrten, kam es zwischen Huber und Hans Scholl zu politischen Diskussionen, in denen die Gemeinsamkeiten der politischen Positionen, aber auch deren Grenzen deutlich zu Tage traten: Bei einer Aussprache über die künftige Gestalt einer deutschen Nachkriegsordnung trat Professor Huber dafür ein, „daß für eine Umänderung unbedingt der konservative Teil der nat. soz. Partei und vor allem die alten Nat. Sozialisten nach und nach gewonnen werden müßten. Dieser Auffassung gegenüber war Scholl entschieden skeptisch. Er vertrat wiederholt den Standpunkt, daß alle nat. soz. führenden Köpfe grundsätzlich ausgeschlossen bleiben müssen. Dagegen waren wir durchaus einig, daß vom Süden her eine wirkliche ständische Form, wie sie ja ursprünglich im nat. soz. Programm auch weitgehend vorgesehen war, die einzig mögliche Basis abgeben könne. Wir waren weiter darüber einig, daß die sozialistische Form bei der heutigen Wirtschaftslage Europas eine unbedingte Notwendigkeit sei."[92] Mit sozialistisch ist hier nicht die Huber ausgesprochen verhaßte völlige Vergesellschaftung der Produktionsmittel gemeint, sondern eine Form staatlicher Wirtschaftspolitik, in der Marktordnung mit der Stärkung des gewerblichen und agrarischen Mittelstandes einhergeht.

Als Scholl und Schmorell Huber in der Anwesenheit Willi Grafs Mitte Januar 1943 ihre Entwürfe zu einem fünften Flugblatt vorlegten, lehnte er Schmorells Entwurf „als kommunistisch klingend"[93] ab und favorisierte stattdessen das Manuskript Hans Scholls. Schon dessen Titel — „Flugblätter der Widerstandsbewegung in Deutschland" statt des romantisch-unbestimmten „Flugblätter der Weißen Rose" — deutet auf eine Umorientierung hin. Hubers vergeblicher Protest gegen die neue Überschrift markiert die Grenze seines Einflusses: Zwar nahmen die Studenten von dem an Bildung und Wissen überlegenen Älteren manchen Ratschlag an, sie behielten sich aber die letzten Entscheidungen über den Inhalt der Flugblätter selber vor.

Das fünfte Flugblatt greift Motive auf, die schon die vorherigen Aufrufe bestimmt haben: Wieder die Aufforderung, sich vom Nationalsozialismus zu trennen, wieder der Appell: „Zerreißt den Mantel der Gleichgültigkeit."[94] Auch das Motiv des drohenden Strafgerichts nach dem Ende der nationalsozialistischen Herrschaft findet erneut Eingang in den Text. Aber die Sprache ist entschiedener, griffiger, die Aussagen weniger metaphysisch, konkreter, deren politische Brisanz offensichtlicher: „Mit mathematischer Sicherheit führt Hitler das deutsche Volk in den Abgrund. Hitler kann den Krieg nicht gewinnen, nur noch verlängern!"[95] Weitaus detaillierter als noch im Sommer befaßte sich dieses Flugblatt mit der künftigen Gestalt Europas. Es entwarf einen Grundrechtekatalog, der die vom Nationalsozialismus aufgekündigten Menschenrechte wieder einforderte. Die Überlegungen zur politischen Nachkriegsordnung verurteilten, hierin Formulierungen Kurt Hubers aufgreifend,[96] „jede zentralistische Gewalt, wie sie der preußische Staat in Deutschland und Europa auszuüben versucht hat ... Das kommende Deutschland kann nur föderalistisch sein. Nur eine gesunde föderalistische Staatenordnung vermag heute noch das geschwächte Europa mit neuem Leben zu erfüllen. Die Arbeiterschaft muß durch einen vernünftigen Sozialismus aus ihrem Zustand niedrigster Sklaverei befreit werden. Das Truggebilde der autarken Wirtschaft muß in Europa verschwinden. Jedes Volk, jeder einzelne hat ein Recht auf die Güter der Welt! Freiheit der Rede, Freiheit des Bekenntnisses, Schutz des einzelnen Bürgers vor der Willkür verbrecherischer Gewaltstaaten, das sind die Grundlagen des neuen Europa."[97]

Das fünfte Flugblatt wurde als erstes in höherer Auflage produziert, die Anklageschrift gegen Schmorell u.a. spricht von mehreren tausend Exemplaren. Einen Teil hiervon verschickten Alexander Schmorell und Sophie Scholl in verschiedenen süddeutschen und österreichischen Städten mit der Post, um so „den Eindruck zu erwecken, als handele es sich hier um eine große weitverzweigte Organisation."[98] Franz Müller und Hans Hirzel sowie dessen Schwester Susanne unterstützten die Gruppe beim Versand der Flugblätter, die Sophie Scholl nach Ulm brachte.

Die andere Seite — Ermittlungen der Gestapo

Seit im Frühsommer 1942 die ersten Flugblätter aufgetaucht waren, fahndete die Geheime Staatspolizei nach deren Verfassern. Schon früh mehrten sich die Anzeichen dafür, daß die Autoren im Raum München, wahrscheinlich im Umfeld der Universität, zu vermuten seien. Der bisher als Routine behandelte Vorgang erhielt neue Priorität, als die kriminaltechnische Untersuchung ergab, daß die Ende Januar 1943 massenhaft auftauchenden Flugblätter auf der gleichen Maschine geschrieben waren, wie die vom vorangegangenen Sommer. In „höchsten Stellen von Staat und Partei" hatte die Flugblattaktion „Beunruhigung und Aufsehen hervorgerufen"[99], so Robert Mohr, der die zur Verfolgung der Weißen Rose gebildete Sonderkommission leitete. Zunächst überwachte die Gestapo Dr. Max Stefl, einen Bibliothekar, der wegen seiner politischen Gesinnung schon 1934 entlassen worden war, doch ergab sich für die Ermittlungsbehörden trotz intensiver Fahndungen kein konkreter Verdacht, da sowohl eine in verschiedenen Zeitungen veröffentlichte Personenbeschreibung, als auch die „im Stadtgebiet Münchens am 4.2.1943 unter Beteiligung aller verfügbaren Stapo- und Kriminalbeamten ... durchgeführte Großfahndung"[100] erfolglos geblieben waren.

Bemerkenswert nahe kam dagegen der Münchener Altphilologe Professor Richard Harder in einem kurz vor der Verhaftung der Studenten für die Gestapo verfaßten Gutachten den wirklichen Autoren: „Die beiden Machwerke zeigen ein außergewöhnlich hohes Niveau ... Der Mann weiß genau was er will; er verfügt über detaillierte Kenntnisse ... Der Verfasser schreibt einen hervorragenden deutschen Stil, wie ihn nur ein Mensch schreiben kann, der in längerem Umgang mit deutscher Literatur steht, also vermutlich entweder ein Geisteswissenschaftlicher, oder ein Theologe. 4. Der Verfasser erweist sich stilistisch als ein Mensch, dem die lutherische Bibelübersetzung als vertrauter Besitz im Ohr liegt ... Zusammenfassend stellt sich der Verfasser als ein begabter Intellektueller dar, der seine Propaganda auf akademische Kreise, insbesondere die Studentenschaft abstellt." Wenn seine geistigen Erzeugnisse „nicht den Ton eines verbitterten Einsamen haben, hinter ihnen also wohl eine gewisse Clique steht, so sind sie doch nicht der Ausfluß einer machtpolitisch aktiven Gruppe: dazu ist ihre Sprache zu abstrakt; sie will (und kann) in breiteren Kreisen der Soldaten oder Arbeiter keinen Widerhall finden."[101]

„Die Nacht ist des Freien Freund" – Radikalisierung des Widerstands im Januar/Februar 1943

In der Münchner Innenstadt, auch in unmittelbarer Umgebung der Universität, malten Scholl und Schmorell in einer Aktion, die trotz Bewaffnung mit hohem Risiko behaftet war, in mehreren Nächten die Parolen „Freiheit", „Nieder mit Hitler", sowie durchgestrichene Hakenkreuze an Häuserwände. Das erste Mal geschah dies in der Nacht vom 3. auf den 4. Februar, unmittelbar nach Bekanntgabe der Niederlage von Stalingrad.

Es war Alexander Schmorell, der Material, Farbe und Schablonen für diese Aktionen beschaffte, an denen später auch Willi Graf mitwirkte. Sophie Scholl bat mehrmals darum, beteiligt zu werden, doch lehnte ihr Bruder dies strikt ab.[102] Ausschlaggebend für diese Aktionen könnte die Hoffnung gewesen sein, eine nach Krawallen anläßlich der Giesler-Rede am 13. Januar 1943 ohnehin sensibilisierte Studentenschaft aufzurütteln und den regimefeindlichen Kräften das Vorhandensein Gleichgesinnter zu signalisieren.[103] Obschon Christoph Probst die nächtlichen Wandmalaktionen kritisiert hatte, ist ein Flugblattentwurf, den er Ende Januar auf Anregung Hans Scholls verfaßte, Anzeichen dafür, daß er seine reservierte Haltung gegenüber aktivem Widerstandshandeln aufgegeben hat.

Während dieser außerordentlich anstrengenden Zeit tauchte die Weiße Rose nicht in den Untergrund ab, sondern lebte im wesentlichen wie bisher im vertrauten Lebenszusammenhang zwischen Studentenkompanie und Universität. Die Leseabende fanden weiterhin statt, aber mit weit politischeren Themen als im Jahr zuvor: So wurde das Schweigen der Kirche zu den Verbrechen des nationalsozialistischen Staates scharf kritisiert. „Was sich der heutige Staat alles leisten würde, könnte nicht länger mehr ertragen werden. Scholl erinnerte in diesem Zusammenhang an die Judenverfolgung und erwähnte, daß es vom Standpunkt der menschlichen Nächstenliebe ein Gebot der Stunde sei, hier etwas zu unternehmen."[104] „Dohrn entgegnete darauf", so der Maler Wilhelm Geyer gegenüber der Gestapo, „daß das nicht Sache der Kirche sei, sondern daß sich dagegen der einzelne Gläubige verwenden müßte. Es sei überhaupt die Frage zu erheben, ob der heutige Christ in Ordnung sei, der doch für seine Belange protestieren müsse, selbst wenn es ihm das Leben kosten würde. Ich selbst habe darauf entgegnet, daß das nicht die Auffassung der Kirche sei. Diese verlange Einsatz des Lebens nur im persönlichen Glaubensbekenntnis. Dazu hat mir Wilhelm Graf recht gegeben. Die Aussprache endete schließlich mit der Erkenntnis, daß die Teilnehmer unter sich in diesen Dingen nicht einig gehen konnten."[105]

Zu einer Zeit, in der man für Kulturgenuß keinen Platz mehr vermutet hätte, finden sich in Willi Grafs Tagebüchern Reflexionen über Konzertbesuche und ausgedehnte Lektüre. Doch gibt es Hinweise auf die ungeheure Belastung, die die Monate Januar und Februar mit sich brachten. Hans und Sophie „sprachen wiederholt davon, daß sie sich beobachtet fühlten."[106] Die körperliche und psychische Überanstrengung, wahrscheinlich in Verbindung mit dem Gebrauch von Aufputschmitteln, hat wohl dazu beigetragen, die Hemmschwelle gegenüber risikoreichen Aktionen innerhalb der Gruppe deutlich zu senken.

„Einmal aus der Reserve herauszugehen!" — Kurt Huber, das 6. Flugblatt und die Weiße Rose

„Freiheit!" — dieses Motiv durchzieht das sechste, von Kurt Huber auf Hans Scholls Initiative hin verfaßte Flugblatt, das seit Mitte Februar in München vertrieben wurde. Stärker als die anderen nimmt es direkten Bezug auf die konkrete Situation der Studenten. Huber griff hierin — auf die Vorfälle während der 470–Jahrfeier der Universität anspielend — das nationalsozialistische Bildungssystem mit ätzender Schärfe an.

Die deutsche Niederlage vor Stalingrad bildet jedoch das zentrale Thema seines Flugblatts. „Dreihundertdreißigtausend deutsche Männer hat die geniale Strategie des Weltkriegsgefreiten sinn– und verantwortungslos in Tod und Verderben gehetzt. Führer, wir danken dir!"[107], schließt der erste Absatz in bitter ironischer Wendung einer oft gebrauchten Huldigungsformel. Huber steigert das Motiv der Befreiungskriege, das schon in früheren Flugblättern angeklungen war, indem er durch den Vergleich der Niederlage der 6. Armee mit dem verlustreichen Übergang der napoleonischen Armee über die Beresina den unmittelbar bevorstehenden Untergang des nationalsozialistischen Regimes heraufbeschwört: „Studentinnen! Studenten! Auf uns sieht das deutsche Volk! Von uns erwartet es, wie 1813 die Brechung der Napoleonischen, so 1943 die Brechung des nationalsozialistischen Terrors aus der Macht des Geistes. Beresina und Stalingrad flammen im Osten auf, die Toten von Stalingrad beschwören uns! ›Frisch auf mein Volk, die Flammenzeichen rauchen!‹ Unser Volk steht im Aufbruch gegen die Verknechtung Europas durch den Nationalsozialismus, im neuen gläubigen Durchbruch von Freiheit und Ehre!"[108]

Zwar stammte das sechste Flugblatt von Kurt Huber, die Endredaktion oblag jedoch den Jüngeren. Wegen einer Passage, die die Studierenden aufforderte, sich weiterhin „unserer herrlichen Wehrmacht"[109] zu unterstellen, kam es zum Konflikt: Schmorell und Scholl weigerten sich, diesen Passus aufzunehmen. Diese Kontroverse zeigt deutlich die verschiedenen Standpunkte, aber auch die Machtverteilung innerhalb der Gruppe. Gleichgesinnte sind sie durch ihren gemeinsamen kulturellen Horizont, vor allem aber in ihrer Gegnerschaft gegenüber dem Nationalsozialismus gewesen. Über die Form und das Ausmaß ihres Widerstands herrschten durchaus verschiedene Meinungen, die nicht immer bis zum Konsens ausdiskutiert wurden. Im Zweifelsfall lag die Entscheidung jedoch bei den Studenten, die Zugriff auf den Vervielfältigungsapparat hatten. Daß Professor Huber Mentor, oder gar „geistiger Führer"[110] des Widerstandskreises gewesen ist, scheint deshalb fraglich.

In den Tagen vor dem 18. Februar wurde das Flugblatt an ca. 1000 Studenten der Ludwig–Maximilians–Universität verschickt. Lilo Fürst–Ramdohr berichtet, daß aufgrund einer Anregung Hans Scholls geplant war, die restlichen Exemplare dieses Flugblattes auch in der Universität zu verteilen. Als Alexander Schmorell, der von Hans zuerst gefragt wurde, zögerte, übernahm Sophie seinen Part.[111]

Am 18. Februar, gegen 11 Uhr vormittags, beobachtete der Pedell Jakob Schmid, der nach dem Krieg angeben wird, lediglich in Ausführung seiner „Dienstpflicht"[112] gehandelt zu haben, Hans und Sophie Scholl bei der Verteilung der Flugblätter im Lichthof der Universität und hielt sie fest. Der Universitätssyndikus Haeffner alarmierte die Gestapo, die die Geschwister zum Verhör abführte. Am selben Abend noch wurden Willi Graf und seine Schwester Anneliese inhaftiert, zwei Tage später auch Christoph Probst in Innsbruck festgenommen: Bei der Verhaftung Hans Scholls hatte die Gestapo seinen Flugblattentwurf gefunden.

Vor dem Volksgerichtshof

Nur vier Tage später, am 22. Februar 1943, eröffnete der auf besonderen Wunsch der Gauleitung eigens aus Berlin angereiste 1. Senat des Volksgerichtshofs im holzgetäfelten Sitzungssaal 216 des Münchener Justizpalastes den Prozeß gegen die Geschwister Scholl und Christoph Probst.

1943 war die deutsche Strafrechtspflege längst zum Instrument des nationalsozialistischen Unrechtsstaates verkommen. Ihre Aufgabe sei nicht mehr, die Rechte des Einzelnen zu garantieren, so der „Reichsrechtsführer" Hans Frank 1936, vielmehr hätte der Richter die „völkische Gemeinschaftsordnung zu wahren, Schädlinge auszumerzen, gemeinschaftswidriges Verhalten zu ahnden und Streit unter Gemeinschaftsmitgliedern zu schlichten. Grundlage der Auslegung aller Rechtsquellen ist die nationalsozialistische Weltanschauung, wie sie insbesondere in dem Parteiprogramm und in den Äußerungen unseres Führers ihren Ausdruck findet."[113] Im neuen „Deutschen Recht" hatte die nationalsozialistische Rassenlehre das einstmals grundlegende Prinzip der Gleichheit aller Menschen vor dem Gesetz verdrängt.

Zwischen 1933 und 1943 erhöhte sich die Zahl der mit der Todesstrafe bedrohten Tatbestände von 3 auf 46, die Anzahl der Todesurteile stieg zwischen 1938 und 1943 von 23 auf mehr als 5000 im Jahr. Der stetig wachsende Einfluß der nationalsozialistischen Exekutive auf die Strafrechtspflege manifestierte sich besonders deutlich, als der „Großdeutsche Reichstag" Hitler in seiner letzten Sitzung am 26. April 1942 zum obersten Gerichtsherrn proklamierte. Neben den mit besonders linientreuen Richtern besetzten Sondergerichten entwickelte sich der Volksgerichtshof rasch zu einem der wichtigsten Instrumente des nationalsozialistischen Justizterrors. Alle Mitglieder wurden unmittelbar durch Hitler berufen, nur zwei von fünf Senatsmitgliedern bedurften der Befähigung zum Richteramt. Seit August 1942 war Roland Freisler, ein fanatischer Nationalsozialist, dessen Präsident.

Der erste Prozeß gegen die Studenten der Weißen Rose glich durch das aus Justiz-, Wehrmachts- und Parteikreisen geladene Publikum und Freisler, der „tobend, schreiend, bis zum Stimmüberschlag brüllend, immer wieder explosiv aufspringend"[114], an diesem Vormittag die Funktion des Anklägers weit besser ausfüllte, als die des Richters, eher einer Parteikundgebung als einer Gerichtsverhandlung. Nicht Wahrheitsfindung, sondern das Bemühen um möglichst rasche und exemplarische Aburteilung der Täter diktierten das Geschehen. Gegen 13.30 Uhr, nach kaum 4 Stunden Verhandlungsdauer, verkündete Freisler drei Todesurteile. Noch am Nachmittag wurden Christoph Probst und die Geschwister Scholl im Stadelheimer Zuchthaus mit dem Fallbeil hingerichtet.

Zwei Tage nach der Enthauptung seiner Freunde geriet auch Alexander Schmorell in die Hände der Gestapo. Trotz mehrerer Fluchtversuche, bei denen ihn Lilo Ramdohr und Nicolaj Hamasaspian, ein bulgarischer Student, unterstützten, wurde er von einer Kommilitonin im Luftschutzkeller erkannt und der Gestapo ausgeliefert.[115] Nach drei weiteren Tagen erschien die Gestapo vor Professor Hubers Haustür. Ebenfalls noch im Februar wurden Hans Hirzel und seine Schwester Susanne verhaftet.

Die Ermittlungen der Gestapo führten im März zur Festnahme Franz Müllers und seines Ulmer Mitschülers Heinrich Guter, auch von Heinz Bollinger und Helmut Bauer aus Freiburg, sowie von Falk Harnack und Eugen Grimminger. Nach intensiven Verhören wurden sie schließlich am 8. April, zusammen mit Willi Graf, wegen Hochverrat, bzw. dessen Unterstützung und Mitwisserschaft angeklagt. Waren die Angeklagten im ersten Prozeß kaum zu Wort gekommen, gelang es Kurt Huber im zweiten Prozeß, der am 19. April ebenfalls vor dem Volksgerichtshof in München stattfand, eine Verteidigungsrede zu halten.

Das bewegende, im Manuskript erhaltene Dokument gibt eindrucksvoll Auskunft über Kurt Hubers Motivation. Es ist freilich — wegen seines besonderen Entstehungszusammenhangs — nur mit großer Sorgfalt dechiffrierbar. Huber versuchte, seine Kritik systemimmanent, nicht fundamentaloppositionell zu formulieren. Dabei ging er höchst subtil zu Wege: Gerade weil sich seine Rede nicht primär gegen den Nationalsozialismus als solchen, sondern vor allem gegen seine Folgen richtete, legte sie die Auswirkungen der nationalsozialistischen Herrschaft auf den Zustand der deutschen Gesellschaft in aller Deutlichkeit offen.

Die Situation im Gerichtssaal muß trotz ihrer Unmenschlichkeit bewegend gewesen sein, denn plötzlich sind die Rollen vertauscht: Statt um sein Leben zu bitten, wird der Angeklagte zum Ankläger der nationalsozialistischen Terrorherrschaft. Heftig geißelt er die Situation an den deutschen Universitäten: „Die Partei hat in den 10 Jahren ihres Wirkens die Freiheit und sittliche Selbständigkeit der heranwachsenden deutschen Jugend restlos zerschlagen und das gesamte Erziehungswesen bolschewisiert. Die deutsche Professorenschaft hat als Gesamtheit der Vernichtung des deutschen Erziehungs- und Bildungswesens im bolschewistischen Sinn tatenlos zugesehen.“[116] Als es nach den geschmacklosen Angriffen des Gauleiters Giesler auf die Münchener Studentinnen „keiner der Hochschulrektoren und Professoren wagte ... sich mutig und eindeutig auf die Seite der Studenten zu stellen ... war [das] für mich der Anlaß, mich klar und aufrichtig von der Professorenschaft abzuheben.“[117]

Kurt Hubers Anliegen ist konservativ im strengen Sinn des Wortes: „offen zutage liegende“ Rechtsverletzungen zugunsten der Machtstellen in Partei und Staat“[118] sind es, die seinen Protest hervorrufen, „Wiederherstellung der Legalität“ ist sein Ziel.[119] „Nicht Revolutionierung“, so Huber gegenüber der Gestapo, „bezweckt mein Vorgehen, sondern gerade umgekehrt, eine Zurückführung des heutigen Staatswesens auf eine nationale und zugleich gemäßigt sozialistische, mit der unbedingten Forderung der Freiheit und Selbstverantwortlichkeit des Einzelnen vereinbaren Auslegung des Führerprinzips.“[120]

Die Verteidigungsrede zeigt Professor Huber — hierin dem Leibnizbild, an dem er bis zu seinem Tod arbeitete, nicht unähnlich — als politischen Gelehrten. Sein Handeln wurde maßgeblich durch die selbstempfundene Pflicht des Wissenschaftlers, für Gesellschaft und Staat Verantwortung zu übernehmen, bestimmt. „Als deutscher Staatsbürger, als deutscher Hochschullehrer und als politischer Mensch“, erklärte Huber, „erachte ich es als Recht nicht nur, sondern als sittliche Pflicht, an der politischen Gestaltung der deutschen Geschicke mitzuarbeiten, offenkundige Schäden aufzudecken und zu bekämpfen.“[121]

Nach 14-stündiger Verhandlung gab Freisler die Urteile bekannt: Alexander Schmorell, Willi Graf und Kurt Huber verurteilte der Volksgerichtshof zum Tode. Schmorell und Huber wurden am 13. Juli hingerichtet, Graf erst am 12. Oktober: Die Gestapo hatte sich – vergeblich – Aufschlüsse über seine Beziehungen zu Willi Bollinger erhofft, gegen den vor dem Saarbrücker Landgericht verhandelt wurde.

Die übrigen Angeklagten erhielten Zuchthaus- und Gefängnisstrafen zwischen sechs Monaten und zehn Jahren. Falk Harnack wurde als einziger freigesprochen. In zwei Folgeprozessen verhängten Sondergerichte weitere Freiheitsstrafen. Der Buchhändler Josef Söhngen, in dessen Keller Hans Scholl die Druckmaschine öfters versteckt hatte, konnte dies verbergen, nicht jedoch seine Kenntnis von den Flugblättern. Wegen Nichtanzeige eines Hochverrats verurteilte ihn das Gericht zu sechs Monaten Gefängnis. Manfred Eickemeyer und Harald Dohrn, denen es gelang, ihre Mitwisserschaft zu verschleiern, wurden freigesprochen.[122]

Reaktionen auf den Widerstand der Weißen Rose

Keine Hand hatte sich gerührt, als die Gestapo Hans und Sophie Scholl aus dem abgeriegelten Hauptgebäude wegführte. Die Universität unternahm keinen Versuch, ihre Angehörigen zu schützen. Im Gegenteil, eifrig bestrebt, sich von ihnen zu distanzieren, schloß sie alle verurteilten Studenten vom Studium aus. Nachdem Professor Huber schon aus seinem Amt entlassen war, erkannte ihm das Dekanatskollegium der Universität seinen summa cum laude erarbeiteten Doktortitel ab.

Am Abend des 22.2.1943 – kurz nachdem die Geschwister Scholl und Christoph Probst in Stadelheim ermordet worden waren – rief die Studentenführung zu einer „Treuekundgebung" ins Auditorium Maximum der Universität, um auf diese Weise zu demonstrieren, daß die Mitglieder der Weißen Rose „charakteristische Einzelgänger" innerhalb der Studentenschaft gewesen seien, deren „verbrecherische Handlungsweise ... keinerlei Verallgemeinerung zuläßt."[123]

Die Reaktion des vollbesetzten Hörsaals schien ihr recht zu geben. Professor Huber mußte erleben, wie die Zuhörer schwiegen, als der Gaustudentenführer die Toten der Weißen Rose als „ehrlose und niederträchtige Gesellen"[124] beschimpfte. „Hunderte von Studenten johlten und trampelten dem Denunzianten und Pedell der Universität Beifall, und dieser nahm ihn stehend und mit ausgestrecktem Arm entgegen",[125] berichtet Li Magold, die als Studentin Augenzeugin dieser Ereignisse gewesen ist.

Die von den Geschwistern Scholl erwartete „Welle des Aufruhrs"[126] ist ausgeblieben. Gleichgesinnten waren ihre Taten ein Zeichen der Hoffnung, die angestrebte Mobilisierung der Bevölkerung gegen das Regime konnten sie jedoch nicht herbeiführen. Eine Massenbasis hat die Weiße Rose, wie auch der übrige Widerstand in Deutschland, nie gehabt. Als Gerücht blieben ihre Taten, oft verschmolzen mit den Studentenkrawallen nach der Giesler–Rede, noch eine Weile im Münchener Zeitgespräch präsent. Doch ein Großteil der deutschen Öffentlichkeit reagierte – meist nur durch knappe Meldungen der Tagespresse informiert – teilnahmslos, einige sogar zustimmend auf die Hinrichtung der Studenten.

Zunächst sorgte das Ausland dafür, daß die Taten der Weißen Rose nicht dem Vergessen anheimfielen. Widerstandsgruppen schmuggelten die Flugblätter über neutrale Konsulate ins feindliche Ausland. So konnte Thomas Mann im Juni 1943 den Tod der Münchener Studenten in einer Rundfunksendung der BBC zum Anlaß nehmen, sich gegen die unter den Alliierten verbreitete Denkfigur zu wenden, daß man zwischen dem deutschen Volk „und dem Nazitum nicht unterscheiden dürfe, daß deutsch und nationalsozialistisch ein und dasselbe seien".[127] Das von der Sowjetunion aus operierende „Nationalkomitee Freies Deutschland" griff den Tod der Geschwister Scholl in zahlreichen Radiosendungen und einem an die Frontsoldaten gerichteten Flugblatt auf. Ihre größte Verbreitung erzielten die Flugblätter der Weißen Rose jedoch, als deren sechstes im Juli 1943 von britischen Flugzeugen zu Zehntausenden über Deutschland abgeworfen wurde.[128]

Hans Leipelt und das Chemische Institut

Und doch, ganz ohne unmittelbare Wirkung ist das Zeichen der Weißen Rose auch in Deutschland nicht geblieben: Die aus Studenten und jungen Akademikern bestehende „Onkel-Emil-Gruppe“ verbreitete im März 1943 das sechste Flugblatt der Weißen Rose in Berlin.[129] Im Spätsommer 1944 tauchten im Raum München hektographierte Blätter mit der Überschrift „Freie Studentenschaft Münchens“ auf. Wiederum vermutete die Gestapo, daß es sich bei den Urhebern um Mitglieder der Studentenkompanien handelte.[130]

Als Nachfolger der Weißen Rose begriff sich eine Gruppe von Studenten am Chemischen Institut der Universität München. Hans Leipelt und Marie–Luise Jahn vervielfältigten nach der Hinrichtung der Geschwister Scholl das letzte Flugblatt der Weißen Rose mit dem Zusatz „Und ihr Geist lebt trotzdem weiter!“ auf der Schreibmaschine.[131] Flugblätter zu verbreiten war für sie und andere Studenten nicht der einzige Weg, sich dem NS–Staat zu widersetzen. Auf Initiative von Wolfgang Erlenbach beteiligten sich Angehörige des Chemischen Instituts an einer Geldsammlung, um die prekäre finanzielle Lage der Witwe Professor Hubers zu mildern, die nach der Hinrichtung ihres Mannes mittellos zurückgeblieben war.

Hans Leipelt brachte eine durch seinen Lebensweg bedingte Disposition für widerständiges Handeln mit. Als Sohn eines Ingenieurs und einer promovierten jüdischen Chemikerin wuchs er in einer gebildeten Hamburger Bürgerfamilie auf. Anders, viel einschneidender als die Studenten der Weißen Rose, lernte er die diskriminierenden Auswirkungen der nationalsozialistischen Rassenlehre kennen. Im Krieg erhielt die nach damaligem Sprachgebrauch als „jüdisch versippt“ geltende Familie geringere Lebensmittelrationen als die übrige deutsche Bevölkerung.

Hans Leipelt empfand es als persönliche Kränkung, daß die Wehrmacht ihn, den sie noch kurz zuvor für seine Leistungen im Frankreichfeldzug ausgezeichnet hatte, als „jüdischen Mischling“ unter entehrenden Umständen entließ. Seine damalige Freundin Marie-Luise Jahn erinnert sich, daß diese Ausgrenzung seine schon bestehende Abneigung gegen den Nationalsozialismus zu einem „tiefe[n] Haß gegen das Regime, der für sein weiteres Handeln bestimmend war“, verstärkte.[132] Noch gravierender trafen die Auswirkungen des nationalsozialistischen Antisemitismus die Familie seiner Mutter. War Frau Leipelt als Angehörige einer sogenannten „privilegierten Mischehe“ zunächst noch nicht unmittelbar bedroht, mußte Hans erleben, wie seine Großmutter im Juli 1942 zusammen mit hunderten anderer Hamburger Juden ins KZ Theresienstadt deportiert wurde. Zuvor schon — unmittelbar nach dem Anschluß Österreichs — hatte sich sein jüdischer Onkel in Wien das leben genommen. So war es denn weniger ein politischer Gegenentwurf zum Nationalsozialismus, sondern das Unrecht, das dieser ihm und seiner Familie angetan hatte, was ihn zum Handeln bewog.

Über Leipelts politische Einstellungen gehen die Meinungen auseinander. Sein in aller Offenheit zur Schau gestellter Haß gegen das Regime machte ihn oft unvorsichtig, mehrfach baten ihn Freunde, sich in der Öffentlichkeit zurückzuhalten. Seine oft mit beißendem Spott vorgetragene Kritik am NS–Regime zusammen mit seiner Sympathie für sozialistische Ideen ließen Hans Leipelt in den Augen seiner Kommilitonen bisweilen als „provokanten Linksintellektuellen“ erscheinen.[133]

Vermutlich haben diese Ideen jedoch eher die Funktion eines Gegenbilds zur NS–Ideologie gehabt, als daß sie Ausdruck einer gefestigten politischen Überzeugung gewesen wären. Die Mitglieder der Weißen Rose hatten Gewalt gegen Sachen, die die Gefährdung unbeteiligter Menschenleben in sich barg, nicht in ihre Überlegungen miteinbezogen. Hans Leipelt ging hier, zumindest in seiner Vorstellung, weiter. Keiner der von ihm und Kucharski erwogenen Sabotageakte — etwa Brückensprengungen — kam jedoch über das Planungsstadium hinaus, nicht zuletzt, weil seine Freunde ihre Unterstützung hierzu versagten.

Da die Hamburger Universität „jüdische Mischlinge" mit immer neuen Schikanen beschwerte, wechselte Hans Leipelt im Wintersemester 1941/42 an die Münchener Universität. Am Chemischen Institut der Universität München, das seit 1925 unter der Leitung des späteren Nobelpreisträgers Heinrich Wieland stand, herrschte damals eine besondere, vielleicht an den Hochschulen des Dritten Reiches einmalige Atmosphäre. Freiheit der Wissenschaft bedeutete für Professor Wieland nicht nur ungestörtes Forschen, sondern auch die persönliche und politische Autonomie der Forschenden und ihrer Schüler. Wieland, der nach dem Krieg nie das Prädikat eines „Widerstandskämpfers" für sich in Anspruch nahm, ignorierte die Rassengesetze des NS–Staates, und vermochte diese Haltung auch gegenüber dem Druck der Universitätsleitung aufrecht zu erhalten.

Als „Gäste des Geheimrats" konnten in seinem Institut auch sogenannte „Halbjuden" von Studienbeschränkungen unbehelligt studieren, bis der NS–Staat 1944 alle Münchener „Mischlinge 1. Grades" in Arbeitslager sperrte.[134] Nach den Berichten ehemaliger Studenten waren überzeugte Nationalsozialisten am Chemischen Institut in der Minderheit, so daß der mit Rückendeckung der Institutsleitung betriebene Austausch von Nachrichten ausländischer Sender, nonkonformer Literatur, auch regimefeindlichen Witzen unter den Institutsangehörigen häufig vorkam. Dennoch wurde die Sammlung für Clara Huber denunziert und Hans Leipelt, Marie-Luise Jahn und einige andere Anfang Oktober 1943 verhaftet. Wie schon bei der Weißen Rose, bestanden ihre „Verbrechen" primär im Versuch, eine alternative Kommunikationsstruktur aufzubauen: Über Heinz Kucharski, den er aus seiner Schulzeit kannte, hatte Leipelt das sechste Flugblatt der Weißen Rose nach Hamburg gebracht, wo es innerhalb oppositioneller Akademikergruppen zirkulierte. Neben der Vervielfältigung dieses Flugblattes warf ihm die Anklage vor, verbotene Literatur, vor allem Texte von Thomas Mann und Bert Brecht, verbreitet zu haben.

Der Prozeß vor dem 2. Senat des Volksgerichtshof fand im Oktober 1944 im schwäbischen Donauwörth statt. Die Angeklagten Ernst Holzer und Mirjam David wurden in Konzentrationslager überstellt, Wolfgang Erlenbach, Valentin Freise, Hedwig Schulz und Marie–Luise Jahn zu mehrjährigen Zuchthausstrafen verurteilt. Hans Leipelt verurteilte der Volksgerichtshof zum Tod. Er wurde am 29. Januar 1945 im Gefängnis Stadelheim hingerichtet.[135]

IV. „Und ihr Geist lebt trotzdem weiter" ? Nachdenken über die Weiße Rose

Der Tod der Studenten konnte der Geschichte der Weißen Rose kein Ende setzen. Wenige Monate nach der Hinrichtung Hans Leipelts befreiten die Alliierten Deutschland vom Nationalsozialismus. Die Tradition öffentlichen Gedenkens an die Ermordeten begann zunächst als Erinnerung der Angehörigen und Augenzeugen, bald auch in Gedenkstunden der Universität. Gerade in der ersten Zeit ist noch der unmittelbare Eindruck der nationalsozialistischen Herrschaft spürbar, ebenso in den frühen Gedenkreden das Bemühen, den Widerstand der Weißen Rose — als Synonym für ein auch während der nationalsozialistischen Herrschaft weiterbestehendes „anderes Deutschland" — zur moralischen Legitimation der jungen Bundesrepublik in Anspruch zu nehmen. Zur besonderen Bedeutung der Weißen Rose wird nicht zuletzt ihre scheinbar eindeutige Motivstruktur beigetragen haben: Fundamentalopposition, auf das Gewissen gegründet, überformt durch konservatives und christliches Gedankengut, spiegelte den antinationalsozialistischen Basiskonsens der sich formierenden Parteiendemokratie.

Der Tod der Studenten ist Teil dieser Wirkungsgeschichte: Einerseits schien er denen, die sich herausgehalten hatten, doch zu zeigen, wie „gering" die Erfolgschancen widerständigen Handelns im Dritten Reich gewesen wären. Andererseits eröffnete das Handeln der Studenten gerade ihren Altersgenossen, die mit dem Zusammenbruch der NS-Herrschaft oft ihre Orientierung verloren hatten, neue, demokratische Perspektiven. So fand die Weiße Rose in der Nachkriegszeit ihren festen Platz im „Dreigestirn der positiven Widerstandstradition"[136] zwischen Stauffenberg und Galen. Sie repräsentierte die Universität, ebenso wie Militär und Kirche eine Institution, die wegen ihrer Vergangenheit im nationalsozialistischen Unrechtsregime positiver Identitätsstiftung durch Widerständler aus den eigenen Reihen dringend bedurfte. Dabei wird eines oft aus den Augen verloren: Der akademische Widerstand hatte seinen Ort, nicht aber seine Basis an der Münchener Universität. Seine Träger waren einsam unter ihren Kommilitonen, allein auch innerhalb ihrer Hochschule.

Seit dem Tod der Studenten sind heute 50 Jahre vergangen. Die inzwischen eingekehrte Routine öffentlichen Gedenkens an den Widerstand birgt die Gefahr der Verflachung in sich, wenn sie die gedankliche Aneignung der Vergangenheit durch Rituale der Verbundenheitsbezeugung ersetzt und gesellschaftliche Gruppen das Legitimationspotential des akademischen Widerstands abschöpfen, ohne seinen Werten verpflichtet zu sein. Denn erst wenn wir uns Taten, Ziele und Motive dieses Aufbegehrens immer wieder neu vergegenwärtigen, kann Geschichte lebendig werden, Lebensmacht gewinnen; nur so erlangt die Geschichte der Weißen Rose ihre Bedeutung in unserer Zeit. Daher ist es sinnvoll, sich abschließend noch einmal zu fragen, für welche Werte die Weiße Rose eingestanden ist und — sofern man sich ihrem Erbe verpflichtet fühlt — über welche Aktualität sie heute verfügen.

Die Kommilitonen der Weißen Rose haben sich nicht eingefügt in die namenlose Menge, in die „Volksgemeinschaft", die vielen um den Preis der Selbstaufgabe das Bedürfnis nach Sicherheit und Gemeinschaftlichkeit befriedigte. Doch ihr Handeln war nicht nur ein Rückzug vor den Ansprüchen des Nationalsozialismus, gerade ihr aktives Tun wollte die Wirkungsmacht des Dritten Reiches begrenzen. Betrachtet man den Freundeskreis als Gruppe, so zeigen sich jenseits der individuell verschieden akzentuierten Gründe für ihren Widerstand — bei Christoph Probst etwa das Entsetzen über den Zweiten Weltkrieg, bei Alexander Schmorell, neben der Freundschaft zu

Hans Scholl, vor allem der Überfall auf seine russische Heimat — übergreifende Motive, die das gemeinsame Handeln strukturierten.

Am Anfang stand bei allen die Beschneidung der geistigen Freiheit, wie sie Sophie Scholl als „hauptsächlichsten Grund“[137] für ihre Abneigung gegenüber dem Nationalsozialismus angab. Dazu kam ein ganz persönlicher Beweggrund: Hans Scholl, der lange an der Legitimität seines Widerstands zweifelte, sprach davon, daß zuletzt seine „innere Verpflichtung höher stand, als der Treueid“[138], den er als Soldat geleistet hatte. Bei Professor Huber, dessen Verhältnis zum Nationalsozialismus in einigen Aspekten durchaus ambivalent ist, findet sich — prozeßhafter — das gleiche Bild. Der Gestapo erklärte er: „Ich kann es mit meinem Gewissen nicht mehr vereinbaren, als deutscher Hochschullehrer dem drohenden Untergang ... des deutschen Volkes tatenlos zuzusehen, nur um meine Stellung zu erhalten und mit der Staatsgewalt nicht in äußere Konflikte zu kommen, mit der ich mich unleugbar im inneren Konflikt befinde.“[139] Beide benennen damit die zentrale Basis der Verweigerung: Die Behauptung des individuellen Gewissens gegen die Zumutungen des Kollektivs. Für die Kommilitonen der Weißen Rose war Widerstand Lebenspraxis, untrennbar verbunden mit der Behauptung der eigenen Persönlichkeit. Er resultierte nicht, wie bei Teilen des militärischen und kommunistischen Widerstands, auch aus dem Verlust von Lebenschancen, sondern nahm diesen bewußt in Kauf, um die Integrität der eigenen Werte zu bewahren.

Ihren Widerstand auf die moralische Ebene zurückzustutzen hieße jedoch die politische Dimension der Weißen Rose zu verkennen. Denn ihr Handeln steht gerade für die Wiederzusammenführung von Bildung, Moral und Politik. „Es geht uns um wahre Wissenschaft und echte Geistesfreiheit“, lesen wir im sechsten Flugblatt. „Geistesfreiheit“ verweist zunächst auf den akademischen Kontext des Widerstands. Sie umfaßt auch, wie in den Lesekreisen, das Suchen nach dem persönlichen Standpunkt, das Bemühen um eigenständiges Urteil. Doch ist damit nicht nur die individuelle Freiheit des Glaubens, Denkens und Forschens gemeint, „Geistesfreiheit“ bezieht hier immer auch die Freiheit und Integrität des Anderen mit ein.

Die Taten der Weißen Rose stehen für Verantwortung, Engagement, das Einsetzen der eigenen Person für die Gesamtheit. Um „als Staatsbürger dem Schicksal meines Staates nicht gleichgültig gegenüber zu stehen“, erklärte Hans Scholl im Verhör, „entschloß ich mich, nicht nur in Gedanken, sondern auch in der Tat meine Gesinnung zu zeigen. So kam ich auf die Idee, Flugblätter zu verfassen.“[140] Deutlicher noch prägte dieses Motiv seine Schwester: Als ein Gestapobeamter Sophie Scholl fragte, ob sie ihre Tat bereue, erwiderte sie ihm: „Von meinem Standpunkt aus muß ich diese Frage verneinen. Ich bin nach wie vor der Meinung, das Beste getan zu haben, was ich gerade jetzt für mein Volk tun konnte. Ich bereue deshalb meine Handlungsweise nicht und will die Folgen ... auf mich nehmen.“[141]

Welchen Gegenwartsbezug kann Gedenken an den Widerstand heute haben, sind doch die Unterschiede der Gesellschaftssysteme zu groß, als daß direkte Übertragungen in Frage kämen? Gewissen, Urteilskraft, das Streben nach geistiger Freiheit, die Verantwortlichkeit dem Gemeinwesen gegenüber, all das sind Tugenden, die ihren überzeitlichen Eigenwert besitzen. Das bedeutet aber auch, daß es zur Berufung auf diese Werte nicht der Legitimation durch den Tod der Studenten bedarf. Jedoch ist es auch heute sinnvoll, ja dringlich, sich ihres Handelns, auch eingedenk ihrer menschlichen Schwächen und politischen Fehlurteile zu erinnern: an die Courage, den Mut, auch ihr Leben einzusetzen, um auf Zustände aufmerksam zu machen, die den vertretenen Grundwerten diametral zuwiderliefen. 50 Jahre später ist ein solcher Widerspruch nicht mehr lebensgefährlich. Nötig bleibt er trotzdem.

I. The White Rose — An Approach

On 22nd February, the anniversary of the execution of the Scholls and Christoph Probst, Munich University remembers the victims of the White Rose. This tradition of public commemoration began immediately after the downfall of the National Socialist dictatorship and has continued — with interruptions around 1968 — up to the present. Today we can find in the University buildings places that remind us of the history of the White Rose: the relief in the Atrium, Professor Huber's portrait in a medallion in the passage to the students' cafeteria building in Leopoldstraße, and — since a few years ago — the ceramic inlay in the floor in front of the University main entrance. The latter particularly is hardly noticed by anybody, some may think that this stone memorial to the Scholls' last action is a piece of newspaper carelessly thrown away. This seems typical of the role the White Rose plays in the public's consciousness, because little is known of their lives, their motives and their aims. What teachers and students associate with their memorials will rarely be more than key words: leaflets, a brother and sister, a professor as fatherly mentor, united in the struggle against Hitler, their execution on the guillotine.

Immediately after the sentences were carried out, legends grew up about the White Rose in a way that differs from nearly all the other resistance groups. The image of purely ethical, non–political resistance has basically never been contradicted, often merely postulated rather than examined critically. This does not make the motives for their actions any clearer, quite the contrary; the almost legendary picture of the White Rose resistance makes it harder to understand their complex motives better, because it precludes a sober reflective view of its history. Precisely for this reason it is essential to reconstruct the conditions which determined their actions, viewed both personally and in the context of the times.

To determine motives, however, is a risky enterprise. "I consider it one of the most daring ventures," wrote Theodor Haecker, the fatherly friend of the Scholls, "to write the biography of a person that goes beyond the external facts and attempts to portray their innermost motives."[1] Reconstructing one life in fifty pages of print without yielding to the temptation to oversimplify inadmissibly would appear difficult. To tell the story of seven lives displays a presumption that only people like us, rather on the fringes of academic life, are likely to possess. Seven lives — this straightaway indicates a selection criterion: our work focuses on those members of the White Rose on whom the People's Court (Volksgerichtshof) passed sentence of death, the 50th anniversary of which we remember this year. This selection criterion is problematic as it basically "accepts" the verdicts of the National Socialist system of injustice. Among those executed were those who formed the active core of the White Rose, but also people who crossed the frontier into illegality later on and paid for this step with their lives. Some people managed to camouflage their membership so well that their activities have to the present day remained almost unknown. The story of their lives would be the subject of a comprehensive portrayal of the White Rose — but such a book has not yet been written.

Telling the story of seven lives also means freeing it from the unspoken omnipresence of their deaths. Of those executed it is reported that, faced with their accusers, they conducted themselves resolutely, even — to use an unfashionable word — heroically. By itself, however, their behaviour in this situation, from which there was no escape, would not have been enough to inspire a tradition of public commemoration. Their deaths, a fate which they shared with millions of victims of National Socialism, demands our sympathy and our remembrance, but does not necessarily justify a biography. It is for a different reason that telling the story of their lives is not only justified but also important. The path the members of the White Rose took was chosen freely, not in ignorance but in full knowledge of the dangers. Faced with the choice between not getting involved, 'hibernating' (as it were) without personally incurring any guilt — as some of their friends did — and staking their own lives, they chose their path. This is what distinguished them from the great mass of their fellow students, who responded to the National Socialist regime in silence or even with approval.

Finally, one more point must be made. We have not attempted to write the history of *the* White Rose. For all their biographical and programmatic similarities, the students and their circle of friends were never the homogenous group that exists in our imagination. One of the aims of our work is to focus more fairly and more precisely than has so far been the case on the various parts played by the individuals within the White Rose and their differing motivations.

II. Integration — Distancing — Rejection. Options in the Third Reich

On 5th February 1943, only a few days after the announcement of the defeat at Stalingrad, the public prosecutor at Munich Supreme Court I (Landgericht München I) reported to the Reich Ministry of Justice, under the reference heading "Subversive activities in Munich":

"I. In the night of 3rd February 1943 slogans were daubed on at least 20 places in the City of Munich, using a metal stencil and coal–tar paint. They read "Freedom" or "Down with Hitler"; next to the words was a crossed–out swastika. Such slogans were discovered on advertising pillars in Ludwigstraße, on the walls of the University, in Amalienstraße, around Salvatorstraße and Altheimer Eck. The perpetrators are unknown. The householders have been ordered to remove the slogans.

II. In the last few days approximately 1,300 leaflets against National Socialism and of a democratic, federalistic tendency have been found in the streets of the city. The perpetrators are unknown."[2]

The 'perpetrators' were Willi Graf, Alexander Schmorell and Hans Scholl, students of medicine, between 25 and 26 years old. Together with Sophie Scholl, Christoph Probst and Professor Kurt Huber they formed the core of a resistance group which has gone down in history as the "White Rose". They were executed, others sentenced to terms of imprisonment. What was it that made the students risk their lives for a few leaflets and some writing on walls? When Alexander Schmorell and Hans Scholl composed their first leaflet in the early summer of 1942 they were at first sight not noticeably different from other people their age. Born towards the end of World War I, they had as children experienced the 'golden years' of the Weimar Republic and its subsequent decline. As youths they grew up at a time when the National Socialists were brutally enforcing their authority in the Third Reich. With the 'Enabling Act' (Ermächtigungsgesetz) of 23rd March 1933 the last democratically elected Reichstag destroyed the parliamentary basis of the Weimar Republic. Political parties and trade unions were prohibited, the independent press eliminated. The new state, which banned artists, burned books, and hounded the churches, but whose foreign policy at the same time succeeded beyond people's wildest dreams, for which political murder was on the daily agenda, but which promised to eliminate unemployment — this new state had a considerable fascination for the majority of the population.[3]

The five students experienced this just like their contemporaries. But when we look more closely we discover some peculiarities common to all their biographies. In contrast to most people their age, none of them experienced the inter-war period as a time of crisis or of personal insecurity. They all came from families whose cultural traditions were actually rather old-fashioned. Christoph Probst's father, a private scholar, was a friend of Emil Nolde and Paul Klee, artists the National Socialists started to persecute as 'degenerate' soon after they came to power. He represented the small section of the educated bourgeoisie who approved of modern culture but whose economic existence had been destroyed by the inflation of the 20's. The cosmopolitan democratic liberalism represented by Hans Scholl's father found fewer and fewer supporters in the Weimar Republic's years of crisis. The Roman Catholic circles to which Willi Graf's family belonged attempted to avoid being swallowed up in an increasingly secular world by isolating themselves. But wherever such social milieus still existed, it was precisely their steadfastness that provided, even after the National Socialists' access to power, refuges against the increasing demands of the totalitarian state.

Between 'Jungvolkdienst' and 'bündisch' Youth – Hans Scholl

In some respects Hans Scholl's development is typical of many of his contemporaries', too, for whom talk of 'fatherland' and 'national community' (Volksgemeinschaft) had inspired trust in the ability of National Socialism to master crises. When in 1933 he joined the Hitler Youth – against his father's wishes – and his enthusiasm then infected his brother and sisters, it drove a wedge into the family unity. What was it that impelled a grammar school pupil, brought up in the liberal Protestant atmosphere of a bourgeois Swabian household, to join the youth organisation of a party which his family considered rather dubious?

In 1933, while it was still being built up, the Hitler Youth was quite different to what it was to become. It had adopted elements of the Youth Movement (Jugendbewegung), for example excursions and camping, and in that way offered the great mass of young people leisure activities suitable for their age. Because these leisure activities were expressly designed to exclude parents, most young people found in the Hitler Youth an area free from the constraints of school and family, something they had never had before. At first the Hitler Youth only formulated its political aims very vaguely, so there were numerous points of contact for members of the various youth groups (now prohibited), especially for the 'bündisch' youth, for whom concepts such as 'loyalty', 'leadership', 'community', and 'nation' were also very important.

Through Max von Neubeck, a Hitler Youth leader who had previously been 'bündisch', Hans Scholl came into contact with a form of 'bündisch' youth culture in the Hitler Youth in spring 1934. With the blessing of the 'Jungvolk' administration in Ulm, von Neudeck had formed units which were to provide the new generation of leadership material for the National Socialist youth organisation. One of these groups of ten to fifteen boys was led by Hans Scholl. It considered itself an elite in the Hitler Youth and acted in part independently of it. It still pursued the forbidden 'bündisch' traditions, especially that of the group "deutsche jungenschaft vom 1.11.1929". Its cultural style was attractive because it combined contradictory tendencies of the Weimar Republic. In appearance and bearing they were orderly, even militaristic; pictures show the "d.j.1.11" marching in step, all wearing blue shirts with toggles, shoulder–straps and forage–caps. On the other hand, in clear contrast to the more romantic and conservative Youth Movement, it tended more towards the cultural avantgarde of the inter-war period. It adopted stylistic features of the 'Bauhaus', such as the rejection of capital letters, but its members also read the works of the elitist, anti–modernist circle around Stefan George. Whereas the "Birds of Passage" ("Wandervögel") had promoted a revival of German folk songs before World War I, the 'Jungenschaften' sang choruses from Russia and Scandinavia. The Youth Movement's relationship to the technical world was also a novelty. They no longer explored nature on foot; instead they hitchhiked as far as the Arctic Circle and the Soviet Union.

As other aspects of the Hitler Youth became more dominant, Hans Scholl – by now an ensign (Fähnleinführer) – grew sceptical. The Hitler Youth replaced the voluntary acceptance of order and leaders whose authority was based on their personal charisma by a hierarchy built up purely on commands and obedience. Hans Scholl was revolted by the racial teaching of the National Socialists, the cultural barrenness of evenings of ideological indoctrination, and the ban on reading authors proscribed by the regime. When von Neudeck dissociated himself from the ideology of the "d.j.1.11" in spring 1935 and dissolved Hans Scholl's group, Hans and some other members of his old troop secretly continued their 'bündisch' inspired activities parallel to their 'Jungvolk' duties. In May 1936, after the authorities in Ulm had temporarily suspended him, Hans Scholl founded — together with a few selected members of his old troop — a group of their own, outside the Hitler Youth, which closely followed the ideology of the "d.j.1.11". At the same time, though demoted to a platoon leader (Jungzugführer), he for a while continued to serve in the Hitler Youth.[4]

He was doing his military service when, in mid–December 1937, the interrogation of other independent youth groups in southern Germany led to his arrest, along with his four brothers and sisters, for 'bündisch' activities. He was only saved from a lengthy term of imprisonment by the resolute intervention of his military superior and by an amnesty proclaimed after the annexation of Austria.

Going his own way — Willi Graf

In this respect his biography resembles that of Willi Graf, a young man from the Saarland, who because of his seriousness often appeared cautious and withdrawn to his friends. He, too, was imprisoned by the National Socialists for several weeks in January 1938 for "bündisch" activities. After his early distancing from his parental home, Catholic youth groups became his most important reference group. Although they were de jure protected under the terms of the Reich Concordat, such groups were nevertheless exposed to severe harrassment as the last rivals to the Hitler Youth. Willi Graf's attitude to National Socialism was decisively moulded by his experience of the struggles of the Church. In contrast to Hans Scholl, his deep Catholic roots caused him to remain aloof from the Third Reich from the start. As a youth he developed his own set of values, which enabled him to see political developments more clearly than most of his contemporaries. How strict his views were can be seen from his choice of friends; he deleted from his address book people who joined the Hitler Youth.

Nurmi — as Willi Graf was known in his group, after the Finnish marathon runner — had joined the Catholic pupils' organisation "Neudeutschland" in 1929; in 1934 he joined the "Graue Orden", an illegal association of "bündisch" youths in south–western Germany, which felt more strongly bound to the traditions of the Youth Movement than other young Catholics. The Graue Orden was close to the "Liturgical Movement" (Liturgische Bewegung), an organisation carried by young lay-people following the theologian Romano Guardini. It anticipated many of the reforms of the Second Vatican Council and laid particular emphasis on the sense of community during church services.

Like d.j.1.11, the Graue Orden derived its solidarity from the bonds of personal friendship, with no rigid forms of organisation except voluntary commitment to the group leaders, which could be broken off again at any time. Girls hardly played a part in the boys' lives, as it was feared that they could disturb the latter's close fellowship. Both groups remained outsiders within the Youth Movement. d.j.1.11 never had more than 2,000 members; the Graue Orden was viewed with suspicion by the official church because its demands went far beyond the limits imposed by the Concordat. Both groups adopted an elitist as well as anti–bourgeois stance. Their members refused to uncritically embrace traditional conventions or the smug mediocrity of the world around them. Instead they experimented with autonomous modes of existence, which often made great demands on the members of the group. These attitudes were fostered by an elitist feeling which tended to separate them from not like-minded people. In this respect their distancing themselves from National Socialism was not purely ideological, but an attempt to preserve their individual style in the face of the Hitler Youth and the adult world.[5]

"Philosophy is not my thing" – Alexander Schmorell

Alexander Schmorell's rebellious behaviour can also be construed as an attempt to preserve his personal autonomy. He left the nationalistic Scharnhorst Youth Group when it was forcibly subsumed in the Hitler Youth in 1933. His desire for freedom and independence, developed early on and tolerated by his family, soon brought him into conflict with any authority he considered presumptuous. With his many talents, both in sports and in music, and his charming, generous nature, he had a winning way with people he met, although in the opinion of Angelika Probst, a close friend of his, he could sometimes be "inconsiderate and rash without wanting to or noticing it".[6]

"The numerous capabilities and potentialities in Alex's being are still disorganised and sometimes cancel each other out or weaken each other. As his abilities extend in all directions and thousands of different ways of life appear possible and tempting to him, he jumps from one possibility to another, doesn't want to commit himself definitely and can't even do so yet, lacking the magnet that will pull all the divergent forces in him in one direction. I think ... Alex ... lives more from the outside inwards, forms his life according to his experiences, what happens or is about to happen to him is of supreme importance."[7] That is how Christoph Probst saw him, with whom Alex had been friends since their schooldays. Alexander Schmorell was born in 1917, the son of a German doctor in Russia. His Russian mother died soon after his birth; his father was driven out during the chaos following the October Revolution and settled in Munich in 1921. Schmorell grew up between two cultures. As his family spoke Russian at home, he remained familiar with the language and religion of his native land. His Russian nanny, who sometimes took the role of a substitute mother, played a major part in this. It was she above all who kept the ties to the old country alive. At first Schmorell's experiences of National Socialism did not lead to active opposition. Instead literature, especially the Russian poets, and later above all his love of sculpture gradually became areas he could retreat to from an everyday life he felt to be more and more oppressive. In Winter Semester 1942 he wrote: "Without work (and by that I mean only sculpting) the situation here in Germany is for me the most unbearable that I could possibly imagine."[8]

"Basically a non–political person" – Christoph Probst

Christoph Probst spent most of his schooldays away from home. Lessons in progressive boarding-schools provided him with the same sort of experiences that Hans Scholl and Willi Graf had in the Youth Movement. It is very likely that boarding–school life, designed to instil a sense of responsibility, helped to immunise him to the demands of National Socialism. Family considerations were another factor. After his divorce, Christoph's father had remarried. His step–mother being of Jewish descent, the family soon discovered what it meant to be isolated in the National Socialist state. This did not, however, lead directly to the leaflets of the White Rose. Only after his father's suicide in 1936 did Probst turn from science, his main interest up to then, to literary and philosophical subjects, without, however, adopting a definite anti-National Socialist stance. His surviving letters indicate an attitude of persevering and holding out that make it seem unlikely that he would have supported active resistance. After obtaining his school leaving certificate in 1937, Christoph Probst did his National Labour Service and Military Service before beginning his medical studies in Munich in Summer Semester 1939. During his clinical training he met Herta Dohrn; they married in summer 1941. After that the central focus of Christoph Probst's life was his family; ultimately they had three children.

National Labour Service and War

Despite many points of conflict with National Socialism, the students' path towards resistance was neither inevitable nor straightforward. The resistance of the White Rose, unlike that of young socialists or Jews, was not that of isolated, directly threatened or discriminated people. On the contrary, it was precisely their generation that the National Socialists wooed so eagerly and successfully. Many of their contemporaries with a similar biographical background found ways of coming to terms with the regime or used the diminishing number of nooks and crannies to escape the demands of the National Socialist state.

After leaving school the friends found the state making more and more demands on them: Military Service, Labour Service and the War Assistance Programme. It was less the physical exertion or the monotony of the work that they found oppressive, it was above all the feeling of being alone in a mass of conformist young people. This is illustrated by an entry made in her diary by Sophie Scholl, nearly three years younger than her brother Hans, while she was in a Labour Service camp in Krauchenwies: "I sleep in a room with 10 other girls. In the evenings I often have to plug my ears to get away from their chatter. Every remark I make seems to me a concession, which I then regret ... I try very hard not to let the pressures of the moment influence me. Not the ideological or the political ones, which certainly don't affect me at all any more, but the influences of my mood."[9] This is reminiscent of a theme that had already been important in the "bündisch" youth and remained latent in the White Rose, particularly in Hans Scholl: the conflict between the individual who makes great demands on himself and on others and the mass of the indifferent, dull and half–hearted.

When war broke out, the Wehrmacht had at first exempted the students from military service as they were training to be doctors, but they were later conscripted as medical orderlies. Despite the similarities of their horizons, their reactions to their military service were quite different. For Alexander Schmorell, who had already felt National Labour Service to be a "deliberate and planned deprivation of people's liberty"[10], the conflict between his desire for independence and the discipline demanded by military service strengthened his opposition to the National Socialists even before war broke out. Hans Scholl's diary in September 1939 echoes the euphoria of the volunteers in 1914, without their nationalistic, chauvinist flavour. He saw the war on the one hand as an opportunity to define his personal position, on the other as a chance for Europe to be saved, in a metaphysical rather than in a political sense. Shortly after the outbreak of war there is this typical entry in his diary: "I do not desire 'heroism' in war. I am searching for Catharsis. I want all shadows to fall from me. I am searching for myself, only for myself. For I know that I will find the truth only in myself. At first we were glad that this war has finally been unleashed; it must bring freedom from the yoke. Germany has deserved this yoke. Perhaps this mass slaughter will last a long time. Perhaps the people of Europe will have to be thoroughly ploughed up. Will we then climb a rung higher? Our whole hope lies in this terrible war."[11] Later, in May 1940, while serving as a medical orderly on the western front, he focussed on other experiences. His letters show clearly his curiosity about France, its people and its authors. But this curiosity is tempered by the realisation that he had to set foot in this country as an enemy.

Alexander Schmorell and Hans Scholl could continue their studies from Winter Semester 1940 onwards; Willi Graf's conscription, however, lasted until Summer Semester 1942. For him, the only one to experience the war after the Blitzkrieg, the horrors of the National Socialists' internecine war in the East were combined with a feeling of loneliness. Appalled, he wrote to his sister from Gshatsk in Russia in February 1942: "I wish I hadn't had to see all the things I've had to see recently ... The war here in the East leads me to things that are new and stranger than anything I know. And I have to come to terms with it all, although there's hardly anybody here whom I could talk to about it."[12]

Willi Graf, whose military service lasted the longest, found it particularly hard to adjust again to life at university, which was almost as it had been in peacetime. In June 1942 he wrote to his aunt Marianna Gölden of his difficulties in "getting used again to this life, which has in the meantime become very foreign to me, in dealing with things I haven't needed for a long time."[13] In Summer Semester 1942 Graf, who had been studying in Bonn before the war, immatriculated at the Ludwig-Maximilians University in Munich.

Munich University in the Third Reich

The National Socialists' conquest of the German universities received its impetus in Munich, too, not so much from the professors as from the students, particularly those in the queues in front of the soup-kitchens at the university dining-halls. The 'Movement' found its main supporters among students who felt insecure because of the glut of undergraduates between the wars. It was above all on these students that the Third Reich counted in its attempt to reorganise the university scene in Germany. Even before the National Socialists seized power, the student councils integrated into the "German National Student Body" (Deutsche Studentenschaft) had adopted an "Aryans Clause" preventing their Jewish fellow students from belonging to the students' self-governing council. Partly because National Socialism deliberately built on the political traditions of the former Empire, it seemed acceptable to a number of the university teaching staff, most of whom were nationalistic and conservative in their views. A ceremony at the Ludwig–Maximilians University at the start of May 1933 clearly shows the favourable reception academics accorded the National Socialist takeover of power. The atrium was decorated with the Bavarian, the old Imperial and the swastika flags. Pictures of the aged President von Hindenburg and the new Chancellor Adolf Hitler hung side by side, garlanded with golden laurels. The University Rector Leo von Zumbusch thanked Adolf Hitler "for having from a community of need had the saving idea of a community of the people, for having intellectually ennobled work again, for having replaced the foreign principle of the majority by the teutonic virtue of leadership." For the first time "the alma mater begins the new semester ... in the faith and hope that we and our fatherland are standing at a turning-point in time."[14] A student, representing all his colleagues, spoke the oath of allegiance to Adolf Hitler; then, following a speech by the National Socialist Minister of Education Hans Schemm, students and columns of SA men marched in a torchlight parade to the Königsplatz, where they burnt books by proscribed authors.

After Jewish students had largely been driven from the universities, 32 members of Munich University's teaching staff, most of them Jews, were dismissed for political or racial reasons by 1936. When the National Socialists had consolidated their power at the universities, they began to redesign the contents of the courses they way they wanted them. The changes in the medicine curriculum are a good example of this. From 1936 onwards there were new university examinations in the subject "Racial Hygiene", later on military considerations were increasingly incorporated above all into the basic subjects. Professors of Medicine lectured on "National Socialist Ideology and the Concept of Race" or "First Aid after Accidents, with Special Reference to Cadet Sports and Gas Protection". The National Socialists failed, however, in their attempts to regulate the universities completely. Internal rivalries and the need to train qualified scholars meant that academic freedom was never wholly banished from the universities. Although the powers of the autonomous academic committees had de jure passed to "Governing Rectors" (Führer–Rektoren) responsible only to the Reich Ministry of Education, the informal rules of cooperation between colleagues often remained intact among the staff. Despite their basic sympathy with the majority of the aims of National Socialism, most academics viewed the increasingly political nature of university life sceptically. But only very few ventured the step forward from an attitude wavering between complicity, silent acceptance, and temporising inactivity to one of open criticism. Outside the circle of one's close friends dissenting views were couched only in cautious, often hardly comprehensible hints.

Right up to the middle of the war the vast majority of the students supported National Socialism, of the rest many were indifferent. Many of those who disapproved of the effects of the regime felt in duty bound to support their fatherland unconditionally in time of war. The fear of "Bolshevisation" after a Soviet victory, a fear regularly and deliberately stirred up by the authorities, helped to reconcile many Germans to National Socialist rule. But commitment to the regime grew weaker and weaker the more the effects of the war were felt at home. From spring 1942 onwards British air-raids turned Germany into a theatre of war. Food rationing caused mounting anger. Many people tried to bridge the discrepancies between the propaganda and the reality of National Socialism, a chasm that by now could hardly be overlooked, by drawing an imaginary dividing-line between Hitler and the Party, thereby exonerating the "greatest general of all times" from all the mistakes made both at home and at the front. But in the winter of 1942/43 even the hitherto sacrosanct "Hitler myth" started to crumble. A sign of the shift in mood among the students was the silence which greeted the NSDAP dignitaries at the celebrations for Sven Hedin in January 1943, while the generals present were accorded "thunderous applause".[15] Despite such episodes, however, the universities were never a stronghold of active opposition to the National Socialist regime. The destruction of independent student culture and the students' personal isolation were two major reasons why expressions of solidarity among students or even acts of individual revolt were nipped in the bud. One student, Jurgen Wittenstein, has described this feeling of isolation after almost ten years of National Socialist rule. "Many people let themselves be persuaded — they yielded out of weakness or convenience, it happened everywhere ... it was only ever individuals with the same freedom–loving attitudes who came together for occasional conversations, but it never led to a real association. The external pressures had become too great; and the fear of denunciation, which was spreading rapidly, and of the unknown fate of political prisoners, which people only ever spoke of in whispers, made them keep silent and go their own ways. The great lethargy that had befallen Germany could be seen here, too; it seemed impossible to undertake anything against the state, the best thing appeared to be to get by as best one could and compromise with the realities to avoid incriminating oneself as far as possible."[16] The fact that none of the White Rose contacts was made in a lecture hall sheds a light on the prevailing mental climate at the universities in the Third Reich. Instead dissident students met in the few places which were still safe from intervention by the National Socialists: in choirs, fencing clubs, art classes, or private discussion groups. Never mentioned in public but nevertheless familiar to everybody, one of the recognizable signs of oppositional attitudes was a preference for authors persecuted by the regime. Mentioning one's literary interests in private conversation served as a cultural code for dissidence, as it were. In this way one could indicate one's opposition to the National Socialist regime without direct danger.

The student companies of the Wehrmacht were such havens: places where communication was safe. After the outbreak of war, these units offered able-bodied men a rare opportunity to study. On the one hand, as members of the military they could to a large extent escape the clutches of the Party authorities; one the other the relatively few military duties they had to perform during term-time meant that they could lead almost the same lives as civilian students. The student companies were of central importance for the development of the White Rose; it was here that through

Jürgen Wittenstein Hans Scholl met the students of medicine Alexander Schmorell and Hubert Furtwängler.[17]

Discussion groups – "The desire to know the real reason for things"

To begin with, the relationship between Hans Scholl and Alexander Schmorell remained perfectly neutral, resticted to their common studies. In the Winter Semester they prepared together for their approaching pre-medical examinations. Only after sounding each other out for several months did Alexander in spring 1941 invite Hans to evenings of readings which he arranged together with Christoph Probst. Originally the meetings were devoted to non-political themes and in no way differed from the innocuous artistic evening parties in the homes of the cultured bourgeoisie. They were the meeting–places of people who had managed to construct, remote from the intellectual desert of everyday life under National Socialism, a refuge of non-National Socialist culture as an area without politics. Despite their basically defensive character, such evenings of readings contrasted strongly with the retreat into the depoliticised world of contemporary entertainment which the National Socialists encouraged; they were places where culture was actively and critically pursued. Above all the cosmopolitan spectrum of the works discussed is striking; they ranged from the "Confessions" of St Augustine, through the classical German poets to the Russian authors of the nineteenth century. The students were especially riveted by the authors of the French "Renouveau Catholique", Georges Bernanos, Léon Bloy, Paul Claudel and Jacques Maritain, who in their works criticised the increasingly bourgeois nature of the official church. Whereas Bloy and Bernanos advocated a return to the Franciscan ideal of poverty, in his book "Humanisme intégral" Maritain combined his vision of a regenerated church with the concept of a free, pluralistic society which would finally separate state and church. In spite of all this the people who attended these evenings of readings must not be thought of as ivory-tower intellectuals; culture for them certainly contained a sensual element. Angelika Probst recalls "talks that went on all night, enlivened by wine."[18] In these permanently threatening times, culture was also a means of compensating for the continual external pressure. "We lived life more intensively" is how one student described life in this period.[19]

Around New Year 1941/2, the group's way of thinking was turned in a new direction. Through his friend Otl Aicher, Hans Scholl had got to know the aged Carl Muth and the sixty-two-year-old Theodor Haecker in autumn 1941. Haecker, a convert from Protestantism to Catholicism, had made his name above all by translating Kierkegaard and was under an official ban as an author because of his eloquent criticism of National Socialism. Muth had published a Catholic cultural magazine called "Hochland" until it was suppressed in 1941. The most important organ of Catholic intellectuals in the Weimar Republic, "Hochland" succeeded in remaining one of the few publications in the conformist press of the Third Reich to take issue with National Socialism on an intellectual plane. To do so it used an extremely subtle form of criticism; by falling back on the works of politically innocuous authors and historical articles whose topical relevance could not be overlooked by thinking people, it repeatedly commented on current problems without leaving itself open to attack by the censor.

For Hans Scholl the encounter with Muth, almost 50 years older than he was, was a crucial experience. The two met almost daily until the following spring. Under his influence Hans Scholl began increasingly to neglect his medical studies in favour of religious and philosophical studies. A letter to Rose Nägele clearly shows his state of inner tension: "I am in an intellectual crisis, the most important one of my life ... I am in a spiritual condition where nothing external can help me, because in the depths of my being I have already conquered and perceived and am happy ... It is the happiness of the victor who can already see the end of the struggle ... I cannot stand aloof, because for me there is no happiness in aloofness, no happiness without truth – and this war is basically a war about truth ... I don't mean this politically, but personally and intellectually. I have to make a decision."[20]

"Not to subside into comfort, the security of the mass, the narrow–minded bourgeoisie" – Sophie Scholl

From May 1942 onwards the twenty–one–year–old Sophie Scholl was also part of the circle of friends. Before that she had done a training course as a kindergarten teacher in the hope that she would then be excused National Labour Service. Her hopes were dashed, however. Before she was allowed to study, she had to work another six months for the War Assistance Programme as a kindergarten teacher. Only after that, in Summer Semester 1942, was she permitted to take up her course of studies in biology and philosophy in Munich. She soon turned her rejection of the regime into political action. For her 'political' meant translating what she felt to be threatening in Hitler's state into a definition of her own position. Her view of things cannot be divorced from the experiences of her youth, which increasingly alienated her from National Socialism. She noticed the racism of the Third Reich, which discriminated against her Jewish friends, and registered the intellectual narrow–mindedness which decreed that Heinrich Heine could not be read any more because of his Jewish origins. Described by her friend Susanne Hirzel as "reserved ... quiet and rather withdrawn"[21], she soon liberated herself from the roles the National Socialist regime intended for her. In her friendship with Fritz Hartnagel, a professional officer four years her elder, it was she who called the tune politically. In a letter to Hartnagel we read: "I'm sure you find the way I write to you 'unwomanly'. It seems ridiculous for a girl to concern herself with politics. She ought to let her feminine emotions govern her thinking. Particularly compassion. But I believe that thinking comes first and that feelings often lead us astray, because the little things that perhaps affect us more directly, maybe even our own person, block our view of the greater ones."[22] Hartnagel's role in the National Socialist war led to conflict between them because he saw his profession as an officer as the realisation of the ideals of his youth. Shortly after war broke out, on 5th September 1939, she wrote to him: "Now you'll certainly be busy. I can't grasp that now people are continually going to imperil other people's lives. I can't grasp it and find it terrible. Don't say it's for the fatherland."[23] She was uncompromising in her rejection of any support for the National Socialist war. Taken to task by Hartnagel for refusing to contribute to the Winter Relief Fund, she replied: "It makes no difference whether it's German soldiers who freeze to death or Russians. It's equally awful. But we must lose the war. If we donate woollen things, we're helping to prolong the war."[24]

Friendship – the basis of the resistance

The foundations of the groups were not built on a programme based on a common, consistent ideology, but rather on intense personal friendships based on systems of values that were similar, but with differing emphases. This is particularly true of the relationships between Christoph Probst, Alexander Schmorell, Hans Scholl and Willi Graf. How close the relationships between the young men had become after only a year and a half together can be seen from a letter from

Christoph Probst to Hans Scholl: "That your first letter should arrive just now is remarkable, because in this last week I have felt such a strong yearning for you all. Honestly, I have experienced and seen everything as if I were together with you and the separation from you all has often been very painful. I feel more and more that I need this genuine, masculine friendship, the exchange of ideas and above all of hearts."[25] Friendship created the refuge which alone could guarantee a secure base for oppositional activities. In this respect the situation of the members of the White Rose, who as students generally operated outside their accustomed circle of friends, was far more difficult than that of the workers' resistance in the thirties or the nationalist–conservative opposition, both of whom could in the main work within their traditional structures of solidarity.

Religion

What role did religion, or rather religious feelings, play in the friends' lives? Traute Lafrenz, a girl–friend of Hans Scholl, recalls that determining their religious standpoint was a major problem for all the members of the circle. The ways they dealt with it, however, differed widely.

Compared with his friends in the White Rose, Willi Graf occupied a special position because of his natural religious beliefs. His faith gave him peace and security and at the same time provided him with a code of moral values, a basis for friendships, and again and again with guidance how to act in specific situations. The others were united by a Christianity that was not strictly bound to any one denomination. Sophie Scholl struggled for a close relationship to her God, even though in her diary entries he appeared overpowering, even unapproachable. Although, like her brother Hans, she had been brought up a Protestant by her mother, she displayed interest in the Catholic faith. In April 1941 she wrote in her diary: "I would very much like to go to church once, not to the Protestant one, where I listen to the preacher's words critically. No, to the other one, where I am passive, where I just have to be open and accept everything. But is that the right path?"[26] Alexander Schmorell is known to have attended Russian Orthodox services frequently; but his religious feelings seem to have been linked to the Orthodox ritual rather than to the faith. Christoph Probst, who had been brought up in no particular religion, gradually moved from a non-denominational position towards the Catholic faith under the influence of his father-in-law Harald Dohrn, himself a convert to Catholicism. Probst never felt close to the official church, but influenced in particular by Hans Scholl, religious themes became more and more important to him in the winter of 1942/3.[27*] For Hans Scholl himself, religion appears not to have been of central importance before his encounter with Carl Muth, but his religious feelings changed radically from that time onwards. Hans Scholl's mental state is aptly characterised by a letter he wrote to Carl Muth in Advent 1941. The high–flown style strikes us as rather odd today, but redefining his religious position was part of a general reorientation for Hans Scholl. He acknowledged: "I am filled with joy at being able for the first time in my life to celebrate Christmas in a proper and clearly convinced Christian way ... I heard the name of the Lord and understood him. My first meeting with you took place in this period ... Then the scales fell from my eyes. I pray. I feel a secure background and I see a secure goal. This year Christ was born again for me."[28]

It is certain that religion played a central part in their lives, transcending the boundaries of denomination and not bound to any church orthodoxies, based on individual decisions, not on upbringing. Even though this was an important factor in their alienation from National Socialism, especially for Willi Graf, it can hardly be considered a motive for their resistance. It was too generalised for that, it did not serve as a mainspring for action.

Kurt Huber — a political scholar

Although the students already knew Professor Huber from his lectures, the first time they encountered him in a less formal situation was in early summer 1942, at a private reading by the author Sigismund von Radecki. When — to the dismay of the hostess — the literary occasion turned into a passionate political discussion, he impressed the friends with his vigorous attacks on the Third Reich.

Kurt Huber had been a Professor Extraordinary at Munich University since 1926, giving courses in philosophy, musicology, and psychology. Although held in high regard as a scholar and academic teacher, he was all his life denied a full professorship. On the one hand this was connected with his unusually wide range of interests. Musicology and psychology were not firmly established academic disciplines in the twenties; to some less universally–minded colleagues they seemed an alarming combination. After the National Socialists' assumption of power, a slight physical handicap also served to prevent his professional advancement. As a Professor Extraordinary, to begin with without security of tenure, Kurt Huber had to depend on badly–paid teaching assignments and substituting at state examinations for prospective teachers. He had to support his wife and two children on less than 300 marks a month, little more than the members of the student companies were paid. His daughter describes Kurt Huber as a man who combined widely differing qualities: he was authoritarian, irascible, even choleric, but at the same time a tender and loving father to his family.

As a university teacher Kurt Huber must have been a fascinating figure. Looking back, a former student of his, Hermine Maier, called him a "teacher of deeper thinking".[29] He devoted himself to talented students with an intensity scarcely credible to present-day students at German universities. Because he clung to his academic integrity even after the National Socialists came to power, while many of his colleagues either conformed to the changed situation or were replaced by academics loyal to the new regime, Professor Huber's classes became one of the few places in the National Socialist university where critical thinking still persisted. His philosophy lectures in particular, often bristling with ironic comments about censored books and proscribed authors, attracted listeners from all faculties, among them Jürgen Wittenstein, Willi Graf and the Scholls.[30] Although Kurt Huber also lectured on philosophical themes, his main subject was really research into folk music. Like most studies in folklore of the time, his work also contains features which appear at first sight to be dangerously close to National Socialist ideology. These "völkisch" elements in Kurt Huber's works, however, are not specifically National Socialistic, but are ideas that were common in contemporary scholarship and had been popularised by authors of all sorts of political persuasion. It was not only his academic principles that set him apart from the naive and primitive Teutonism of self-appointed experts in folklore from the National Socialist camp, he had no truck with the narrow-minded racism of National Socialist folk ideology.

Kurt Huber's political beliefs are harder to define than his view of scholarship. During the Weimar Republic he was for some years a member of the Bavarian People's Party ('Bayerische Volkspartei'). This conservative Catholic party represented a policy that particularly stressed Bavaria's independence from the 'Reich'. Huber's criticism of many political and cultural developments in the Weimar Republic and his anti–Bolshevist stance, aggressively maintained in the White Rose circle, accorded in some respects with the aims of the NSDAP, so it is not surprising that at first he sympathised with them. Although he clearly disagreed with them on some cultural matters, Huber worked for the Munich Cultural Department ('Kulturamt'), was elected to the Reich Committee for Research into German Folksongs, and used the National Socialists' publicity machinery to disseminate his ideas. The way he tried to use the new regime can be seen from a letter he wrote to the German Academy ('Deutsche Akademie') in April 1934, more than a year after the National Socialist seizure of power. "I call in the D.A. [Deutsche Akademie] all the time, so that nothing is done without us ... Personally I share your opinion of the Combat Association [Kampfbund] and Strength with or without Joy [an ironic reference to the National Socialists' leisure and social organisation 'Kraft durch Freude' (Strength through Joy) – ed]. But we mustn't exclude ourselves. Indeed we must increasingly press for the D.A. to be in charge of the contents of all folksong performances. I always insist, too, that nothing be changed in any programme I have put together or discussed ... We must at all costs seize the opportunity to claim the right for the D.A. alone to be in charge of the contents and the organisation of all folksong performances and the collecting of folksongs. Conversely we must try and secure funds from KdF [Strength through Joy; see above – ed] for recordings. As regards the programmes KdF follows my suggestions."[31*] Appearances were deceptive, though. Huber's early enthusiasm was soon followed by disenchantment when faced with the reality of National Socialist cultural policies, which were less interested in fostering the folksong than in using the tradition to bolster up their power. Nevertheless Kurt Huber's relationship to the regime, at least until the outbreak of war, is marked by a surprising willingness to cooperate. It is indicative of his precarious situation that he should write to the Dean of the Philosophical Faculty when it was proposed to give him permanent tenure: "I have ... categorically declared to the responsible official in the Reich Ministry of Education that as soon as the Party is opened up again, I will hand in my application for membership of the Party"[32] and almost at the same time confide to his wife his regret that there were no opportunities for resistance and that he was ashamed to face his students because of his passivity. As the holder of an official post in the Third Reich and as a husband and father he was repeatedly forced to compromise with the hated regime. His willingness to cooperate is reflected in the opinions National Socialist university politicians held of him. The Dean of the Philosophical Faculty, SS–Oberführer Wüst, said that he had "up to now considered him to be politically neutral, but nationally reliable", although a "certain tendency towards Catholic–oriented philosophy" could be detected.[33] The Ministry and Party bureaucracy had graver doubts about Huber. When in May 1935 the Faculty put forward his name to fill a vacant university chair, the Bavarian Ministry of Education rejected him as being politically "not acceptable".[34] The doubts about his political views grew when Huber was to become the Head of the Department for Folksong at the State Institute for German Musical Research in Berlin. In this case it was Rosenberg's Department for Ideological Questions that thwarted his nomination, because they suspected him of being a "spiritual supporter of the Catholic Church".[35] Nevertheless, in May 1940, Huber was finally made a Professor Extraordinary with permanent tenure after he had applied for membership in the NSDAP, probably to put an end at last to his pressing financial worries.[36] Up to this point his situation remains ambivalent; terminological similarities with National Socialist language usage and the willingness – at least initially – to cooperate in the field of musical folklore can be found side by side with discriminating critical judgement and, above all in private, vehement criticism of National Socialism. Kurt Huber's biography so far resembles that of many representatives of the national conservative resistance. It was precisely because of its vagueness that the in some respects amorphous character of the National Socialists' hotch-potch of ideas could overlap intellectually with conservative, moral and academically sound thought. Kurt Huber's example indicates that oppositional attitudes cannot be put into simple "for or against" categories clearly defined by political and academic self–-mages, social status or religious ties, from which behavioural patterns can be predicted.

III. "Showing character in deeds as well as in thoughts" – the resistance of the White Rose 1942/3

From discussion group to resistance organisation

Similar to the evenings of readings, a broadsheet that circulated in cyclostyled form among the Scholls' friends in Ulm provided a forum for the exchange of ideas, poems and short philosophical or theological essays. Sent by post, the "Windlicht" served from summer 1941 as the link between Otl Aicher, serving in the army, Inge and Sophie Scholl in Ulm, Hans Scholl in Munich, and a few other friends whom the war had scattered all over Europe. This means of distribution may have been the model for the later dissemination of the "Leaflets of the White Rose". Inge Scholl also tells of the effect duplicated copies of sermons by Bishop Clemens Count of Galen from Münster had on Hans Scholl, sermons which attacked the murders in psychiatric clinics. It is probable that these mailed leaflets gave him the idea of doing the same.

The change in the topics talked about in the discussion groups will have favoured the decision to produce leaflets. Influenced by Catholic intellectuals, the discussion groups began in the New Year to include religious, philosophical and ideological questions. In this way the focus of these evenings shifted increasingly from cultural dissidence to oppositional forums. In spring 1942, through Josef Furtmeier, a justice official who retired rather than have to support the unjust National Socialist regime, Hans Scholl met Manfred Eickemeyer, an architect who was working in occupied Poland. He gave the students for the first time eye-witness accounts of the German crimes against the Polish civilian population and offered them his studio in Schwabing as a new meeting-place. These evenings of discussions, which often ended in violent political arguments, finally convinced Hans and Alexander that it was necessary to undertake something against the regime. When the two decided to distribute leaflets cannot be definitely ascertained. All we know is that as late as January 1942 Hans Scholl confided to his friend Hans Hirzel from Ulm his doubts as to whether it was permissible to "interfere with the wheel of history".[37]

The initiators can be determined more accurately. It was Alexander Schmorell and Hans Scholl who together began to circulate leaflets attacking the regime. It appears to have been Hans Scholl, who after overcoming his doubts, took the initiative. The enterprise could hardly have been accomplished, however, without Alexander Schmorell, who — according to his friend Lilo Ramdohr — did most of the logistic work alone and who financed the operation. The reading circles were against cooperating with the regime, but advocated retreating into non–political privacy, not so much to repulse National Socialism, but rather to enable them to continue their accustomed lives. The leaflets marked the beginning of a new stage of oppositional activity; the move from non–conformism in private to public rebellion.

The "White Rose" — origin and significance

Today the headline "Leaflets of the White Rose", used by Alexander Schmorell and Hans Scholl on their first four leaflets, has become synonymous with student resistance. In spring 1942 the term is more likely to have provoked surprise, combining as it did a poetic name with unambiguous anti–National Socialist sentiments. There are numerous accounts of the origin of the name, most of them both implausible and unverifiable. Even the version contained in the indictment, that the name was "chosen arbitrarily" and "derived from reading a Spanish novel of that title"[38], is based on an error of transcription. In his interrogation, Hans Scholl spoke of the impression "Brentano's Spanish romances 'Die Rose Blanca'" had made on him.[39] But this is likely to have been a red herring, designed to conceal from the Gestapo the real source of the idea and thus protect the friends of his youth. What is certain is that the choice of name cannot be seen in isolation, there must have been a combination of various factors. Hans Scholl will surely have known the classical significance of the rose as a symbol of secrecy, and that in Christian iconography it had from the Middle Ages onwards been a symbol of purity and martyrdom. Another reference, however, is more plausible than either of these motives: Hans Scholl's "bündisch" past. The symbol of the blossom, either in general or specifically the rose, played an important role for d.j.1.11. As a symbol for the muses it was the counterpart to soldiership, represented by the sword. A combination of sword and blossom decorated the cover of Tusk's "Heldenfibel" as well as some covers of the "Eisbrecher", both publications of "bündisch" youth organisations, which Hans Scholl will certainly have known.[40] In August 1938 he asked Fritz Stelzer, a graphic artist whom he knew from d.j.1.11, to design writing-paper for him "with a horizontal sword and a flower at the top, below it the word 'Trabanten'" – the name of his Youth Group in Stuttgart.[41]

"The White Rose won't leave you in peace!" — leaflets in June/July 1942

"Nothing is more unworthy of a civilised people than to allow itself without resisting to be 'governed' by an irresponsible ruling clique motivated by the darkest instincts." Thus began the first of four leaflets distributed by the White Rose in summer 1942. It continued: "If the German people is already so corrupted and degenerate in the very depths of its being that without lifting a finger ... it gives up the highest thing that man possesses, which raises him above all other creatures, namely free will, the freedom of man to interfere with the wheel of history and subject it to his rational decisions, if the Germans are so devoid of any individuality and have been reduced to a mindless craven mass, then, yes, they deserve to go under ... If everyone waits until someone else begins, the harbingers of revengeful Nemesis will continue their irresistible advance ... Therefore every individual must ... in this last hour resist as much as possible, work against the scourge of humanity, against fascism and all similar absolutist state systems. Practise passive resistance — *resistance* — wherever you are, prevent this atheistic war machine from running on before it is too late, before the last cities are reduced to rubble like Cologne."[42]

Right at the start central aspects of the White Rose resistance can be identified: the restoration of personal freedom and a society guided by rational considerations. Two other lines of thought, which are to be found in other leaflets, too, can be seen here. Firstly, the feeling of being at a turning-point in time, marked by the end of the National Socialist regime. Secondly, the texts refer to the current political situation. The first leaflet in particular is a response to the start in spring 1942 of the aerial bombardment of German cities, the heaviest of which had devastated Cologne at the end of May. All the leaflets have the character of an appeal. They want to shake the population out of the apathy of its "dull, stupid sleep",[43] which permitted the rule and the crimes of the National Socialists.

For the authors the consequences were not only the duty to show solidarity with the victims, but also– as the leaflets repeatedly point out in all clarity — the complicity of every German. "For it is his apathetic behaviour that enables these evil people to act in this way, he tolerates this 'government' that has so covered itself with guilt, it is his fault that it could come into being! Everybody wants to absolve himself from such complicity, everybody does so and then sleeps with the best, the clearest conscience in the world. But he cannot absolve himself, everybody is *guilty,*

guilty, guilty!"[44] From this realisation the authors derived their "moral duty"[45] to topple the National Socialist state.

Like the evenings of readings, the strategy of the White Rose was to tackle each individual's conscience. "Now it is a question of ... each person enlightening the next, always thinking of it and not allowing himself any rest until the very last person is convinced of the absolute necessity of fighting against this system."[46] The consequences of the "renewal of the gravely wounded German spirit from the inside"[47], which they aspired to, would have been far–reaching, going much too far for most of the German population, for all the carping about everyday life under National Socialism. "The gulf between the better part of the people and everything that is connected with National Socialism must be brutally ripped open."[48] This distinction between the NSDAP and the people was one which many Germans couldn't grasp in the fourth year of the war, as the influence of the regime on the population reached its peak. In July 1942, at a time when most people still believed in the 'final victory', the third leaflet proclaimed: "It is not the military victory over Bolshevism that must be the first concern of every German, but the defeat of the National Socialists. This must *beyond all doubt* be the first priority."[49] This, too, was a demand the population would hardly have accepted.

All four leaflets had the same message: 'Fight against National Socialism! Resist!' In conjunction with the term 'passive resistance' the third leaflet gives concrete suggestions how to slow down the pace of the National Socialists' war machine, discredit the regime and in this way contribute to the ending of the war. "National Socialism must be attacked *wherever* it is vulnerable ... *Sabotage* in armament industries and others important for the war effort, *sabotage* at every assembly, rally, ceremony, and organisation run by the Nat. Soc. party ... *sabotage* in all scientific and academic fields involved in continuing this war, be they universities, colleges, research centres ... *sabotage* at every cultural event that could add to the Fascists' 'prestige' among the people. *Sabotage* in every area of the fine arts that has even a tenuous link with the National Socialists and serves them. *Sabotage* in all books and newspapers financed by the 'government' ... Don't contribute a single pfennig to street collections ... Don't give anything to metal, textile or other collections."[50] In summer 1942 such leaflets were a scandal, literally unheard of, because the texts published between late June and mid–July attacked one of the main pillars of National Socialist rule.[51] National Socialism depended to a great extent on being accepted by the German people, which it was more likely to do when presented with (seeming) successes. To achieve this, control of the media — what was said and how it was said — was very important. For this reason the National Socialist state had brought the newspapers into line and imposed rigid, centrally-run regulations on the contents so that they reproduced the opinions of the party in the main uniformly. How much the regime feared all news that deviated from the official line can be seen from the ban on listening to foreign stations during the war — an offence called "wireless crime" and punishable by death.

The leaflets of the White Rose jeopardised the National Socialists' monopoly of communication. The students sent the first ones, of which only a few hundred copies were made, to a few of their professors, to university graduates mostly selected from the Munich directory of addresses and to a few booksellers. For Hans Scholl it was precisely the failure of the educated people, the "class in a state that ought to guide a nation politically", that prompted him to act. Because they could not "answer even the simplest political questions correctly", he blamed them for allowing "mass movements with their primitive slogans to drown out any deeper thinking. I felt it was high time very seriously to remind this section of educated society of its political responsibilities."[52] "I also sent the leaflets to some Munich landlords," Hans Scholl told his interrogators, "In this way I wanted them to be widely read, because I hoped the landlords would tell their customers about them."[53] All the leaflets ended with the exhortation to spread the word. Although with their high-brow language the leaflets were directed at a restricted circle of readers, the authors hoped from the beginning to reach as wide an audience as possible. In the attempt to create a political alternative to the National Socialist controlled press, they dealt with current political topics, but their interpretation of them ran counter to the official line. They repeatedly publicised things that could at best be whispered about. "Just as an example," runs the second leaflet, "we want to mention the fact that since the conquest of Poland *three hundred thousand* Jews have been murdered in the most bestial way in this country ... that the entire aristocratic youth of Poland has been exterminated."[54] In this way, as the Germans' "bad conscience"[55], the students broke the silence that surrounded the crimes of the regime. The style of the first four leaflets might appear strange today. In the first one quotations from classical authors took up more space than original texts. But with each new leaflet the proportion of quotations was reduced in favour of original material. The first leaflet was composed mainly by Hans Scholl; he worked together with Alexander Schmorell on the second and third ones. The latter was responsible particularly for the passages that attack the violent crimes of the National Socialists as well as for the call for passive resistance.[56] The influence of Carl Muth and Theodor Haecker can be deduced from the echoes of biblical imagery, from the sometimes apocalyptic metaphors, and from the black and white style in which their criticism of civilisation is expressed, especially in those parts of the third and fourth leaflets that Hans Scholl was responsible for. The fourth leaflet, composed entirely by Hans Scholl, attempts to explain the war and, no longer focusing purely on this world, argues that "whoever today still has doubts about the real existence of demonic powers has not understood the metaphysical background of this war at all."[57] The attempt to place the present within transcendental metaphysics, the theme of the Germans' responsibility for the National Socialist regime, and above all the motive of reform and the appeal to the conscience of the individual can also be found in Theodor Haecker's works, which he read from at the evenings of readings. How are such passages to be judged? Do they indicate a blindness to reality? The question whether the first leaflets are of a 'political' or 'nonpolitical' nature seems to us too simplistic. Admittedly, the language is full of images, often emotional rather than closely reasoned. But the style is merely one side of the coin. When the authors see "deceiving the people" as a characteristic of National Socialism and consider the movement to have been "rotten to the core" and dependent on "continual lying"[58] even when it seized power, then they clearly claim to present comprehensible analyses of the present situation and explain National Socialism rationally.

As the first leaflets do not directly answer the question what form of government would be the best alternative to National Socialism, the plans for a future national order remain unclear. Nevertheless, right at the beginning the authors developed ideal of a state their own the diametric opposite to the National Socialist utopia of 'total' government. In the third leaflet the White Rose's concept of a new state becomes more concrete. Inspired by St Augustine, whom the circle of friends had discussed intensively, the authors proposed a "just state that guarantees the freedom of the individual as well as the welfare of the community"[59], "whose foundation is justice and whose principal law is the welfare of all. The state should be a reflection of the divine order, and the highest of all utopias, the civitas Dei, is the ideal it should aspire to."[60]

Much in these leaflets remains vague and is merely hinted at, particularly in the passages dealing with post-war political structures. But their historical situation must not be forgotten. First of all, the authors were all young adults. Most of them had not been able to form their view of the world in the pluralistic atmosphere of the Weimar Republic. So, not having any clear concept of life "after Hitler", they concentrated above all on the rejection of National Socialism. It ought to be remembered, too, that the amount of time they had available for composing, producing and distributing these leaflets was extremely brief: no more than twice six weeks in June/July 1942 and in January/February 1943. We consider their intellectual approach, particularly evident in the fourth leaflet, to be more important than a concept of a post-war political order. By calling on the reader not to forget "this regime's petty rogues" and to remember their names "so that none can escape"[61], the fourth leaflet refers concretely to a post-war order conceived not only as a contrast to National Socialism, but completely without it. At that time most Germans could not (or deliberately would not) imagine such a future.

Widening the core of the resistance

Slowly and tentatively the circle of the like–minded expanded. 'Like–minded' did not in this context always involve being a party to the operations, let alone knowing all the details concerning the production of the leaflets. By early summer 1942 ten to twelve people formed the 'White Rose', in closer or less close contact with the core members Alexander Schmorell and Hans Scholl. So to talk of a firmly-established White Rose resistance group at that time is problematic. At first very few people apart from the authors knew of their activities; Hans and Alexander kept it secret even from their own families. The older participants at the evenings of readings were important for the students' intellectual development, but they were not given details of the production of the leaflets.

At first Hans and Alexander tried to keep the female students in the circle of friends away from the actual resistance work. Sophie Scholl and Traute Lafrenz, Hans Scholl's girlfriend at the time, were only told because they had worked out for themselves the connection between their friends and the leaflets towards the end of June 1942, shortly after they had begun to be distributed. "In general I avoided talking about politics when girls were present. Hans Scholl's attitude was the same."[62] Statements like this one by Christoph Probst were made by most members of the White Rose. They make it clear that the gender-specific division of roles in those days also applied within the White Rose. The women were entrusted with secondary, less dangerous tasks. Traute Lafrenz only helped to distribute the leaflets. On the other hand, Sophie Scholl, who repeatedly pleaded that "the fact that we are all human beings ranks above all differences between the sexes and is to be defended",[63] insisted on taking part in the work. She was given the task of looking after their joint finances. In addition she was involved in procuring paper and distributing the leaflets. From when on she was involved in composing the leaflets, if she ever was, is unclear. Christoph Probst appears to have been let into the secret around the same time as Sophie Scholl. Certainly as late as July 1942, when the first leaflets were already circulating, he strongly criticised his friend Hans' "hyperactivity".[64]

In mid–July the members of the student company gradually learned that they would have to do a period of medical service on the Russian front. Several of the students and their friends from the evenings of readings met once more for a farewell evening in Manfred Eickemeyer's studio. "The prosecution assumes that political discussions took place, with Schmorell openly supporting passive resistance. Eickemeyer told of his alleged experiences in Cracow, where the SS are supposed to have besmirched the reputation of the Wehrmacht by shooting Poles and Russians."[65] Kurt Huber, who had also been invited, laid himself open to criticism in a very dangerous way that evening. Manfred Eickemeyer later recalled that Huber had "advocated all measures designed to end legal propaganda, sabotage in any form, and assassinations."[66] Nevertheless the students did not yet reveal their resistance activities to Kurt Huber.

Between war and 'great journey' – Russia 1942

At the end of July 1942 Hubert Furtwängler, Willi Graf, Alexander Schmorell and Hans Scholl were ordered to the Russian front for 'medical service in the field'. At first they were employed as medical orderlies at a major field dressing station near the airfield in Gshatsk, about 130 kilometres south–west of Moscow; later they served as doctors' assistants nearer the front line.

To start with they had plenty of free time – more than while they were studying in Munich. In the first few weeks especially, leisure time and mutual activities were the order of the day, so they experienced the front less as a theatre of war, rather as a continuation of their 'bündisch' tours. Russia, far from 'civilisation', with its wide pristine landscapes as a symbol for free, autonomous life, had always played an important part in the ideas of the Youth Movement, especially for d.j.1.11. In Schurik, as Schmorell had been called since his childhood, the students found a guide who tried to bring the culture and above all the people of his native land closer to his friends. In this way they could meet the Russian population in a very different way from the majority of their comrades, who had been moulded by the propaganda of the military leadership and the Party, which proclaimed the distinction between the Nordic 'master race' and the Slav 'sub–humans'. The students' letters from this period contain partly reflective, partly lyrical descriptions of the countryside, combined with stories of their encounters with Russian people and their culture. "I know an old grey fisherman; he's my friend. Often we sit by a river bank from early morning to set of sun and fish like St Peter in biblical times," Hans Scholl wrote home in September 1942. "In addition I've formed a choir here in the camp with prisoners of war and some Russian girls. Recently we danced half the night and our bones ached next day."[67] Hans Scholl and Willi Graf took Russian lessons from Sina, a young Russian woman. "Actually it's easy," Graf noted in his diary, "to make contact with the Russians if you try and understand them. I feel happy among them."[68]

But even in their relatively quiet sector of the front they repeatedly came across the devastating side of the war. Particularly Alexander Schmorell, who had resolved "not to shoot at either Germans or Russians"[69], suffered terribly at having to set foot in the land of his birth as a member of an enemy army. On the journey to Russia, during a stay in the ruins of Warsaw, the students saw the ghetto, from where the SS had recently started to deport Jews to the gas-chambers of Treblinka. "Suffering stares us in the face; we turn away," Willi Graf wrote in his diary after visiting the city. Hans Scholl noted the burial of a Russian in his diary. "Recently Alex and I buried a Russian. He must have been lying out there for a long time. His head had been severed from his body and the flesh was already decomposing. Worms were crawling out of the half–rotten clothes. We had almost filled the grave with earth again when we found another arm. Finally we carved a Russian cross and stuck it in the earth at the head of the grave."[70]

The effects their stay in Russia had for the personal development of the students can be summed up quite well. Schmorell, who had a decisive influence on the way his friends saw things there, developed his picture of Russia into a utopia that contrasted strongly with the reality that he felt to be constricting. "The future of mankind," he wrote to his friend Lilo Ramdohr, "lies here in the East. The world must change, become more Russian, and if it won't and can't, then its days are numbered; then only empty vessels with no contents will be left, but no people."[71] For Alexander Schmorell the stay in Russia was a time to find his identity. He felt more strongly than before that he belonged to the Russian nation rather than to the German one. Having built up the closest contacts with the country and the people, he found it hardest to leave again. In January 1943 he wrote to Marguerite Knittel, later to become the wife of his friend Hubert Furtwängler: "It was the richest, most beautiful period of my life ... Now I'm living off the memories and the hope of returning soon — for ever. My heart, my thoughts, my soul have stayed there."[72] Whereas for Schmorell the stay in Russia was a time of "inner rediscovery"[73], an entirely positive experience, the impression the countryside made on Hans Scholl triggered a process of autoreflection with changing moods, even phases of acute depression. He suffered from nightmares, at times he doubted whether there was any sense in continuing the resistance work. An entry in his diary in September 1942 reads: "The Germans are incorrigible ... A lost people. My pessimism grows from day to day. Scepticism is poisoning my soul; I want to flee in order to save it, but where to?"[74] During the time in Russia, Hans Scholl's feelings of elation and dejection, autoreflection and escapism lived side by side, hardly reconciled. Revolted by the "putrefying smell of European culture"[75], he found solace in religion. "If Christ had not lived and died, there really would be no way out,"[76] he noted in his diary. His divided picture of Russia was the product not only of his own experiences but also of reading Dostoyevsky's religiously-inspired criticism of civilisation, of whom Hans said that he only really understood him there.

How important this time was for Schmorell, Scholl and Graf as a resistance group is a far harder question, especially as — despite some cryptic references in Graf's diary — it is impossible to determine in retrospect whether the friends worked on expanding their resistance work while they were in Russia. All that is certain is that they discussed it on the train journeys there and back. Later Professor Huber was to say in front of the People's Court: "In late autumn Scholl wrote me a surprising letter from the campaign, in which he described his experiences at the front. His former violent antagonism to Russia, which I had particularly agreed with, had given way to a far milder, in part even positive evaluation of the situation in Russia."[77] In this sense Hans Scholl's experience of the myth Russia did not lead to a retreat into an unpolitical world. From a letter to Otl Aicher we discover that precisely at this time he felt "more drawn than ever"[78] to political thought.

"The world must become more Russian" — for Alexander Schmorell this did not mean turning to Soviet-style socialism. He distinguished carefully between the country he loved and its social system, which he rejected. His principles were opposed to any form of totalitarian domination. Looking back, Lilo Ramdohr remarked that he had declared to her: "Bolshevism isn't Russia ... After the war there must be no more Hitler and Bolshevism must disappear compltely, too."[79] "It is quite finished, and the Russian people, the farmers as well as the workers, hate it far too much."[80]

Their encounter with Russia is important for the history of the White Rose for two reasons. First of all, it represents a very personal experience which boosted their resistance work far more than any theoretical ideas. Experiencing the National Socialists' offensive war contributed decisively to the continuing and expanding of their resistance. But the utopian aspects of their time in Russia must not be disregarded. The students projected many of the shortcomings in their everyday life into their experience of Russia. The vast expanses of the Russian countryside contrasted with the narrowness of their own existence, which hindered the free development of their personalities. The natural sincerity of the Russian people contrasted with the poisoning of inter-personal relationships in National Socialist Germany. The religious feelings that despite the Bolshevist government still existed, deeply rooted in the Russian people, made them feel the distance from God in their own society even more intensely. Against this background, Russia appeared — despite war and destruction — as an almost ideal place, as the "positive utopia of the White Rose"[81], which represented everything the students lacked in their own lives.

"Things gather momentum" – The resistance spreads, winter 1942/3

After their return at the start of November 1942 the students did not at first produce any more leaflets. During their absence Sophie Scholl had instructed a friend of hers, Hans Hirzel, a secondary pupil from Ulm, to get hold of a new duplicating machine – a first sign of her participation in the resistance work. Several factors, all occurring at the same time, may have made the decision to join her friends easier. First of all, her father had been denounced for making a 'treasonable' utterance and sentenced to four months in prison. Shortly before this, at the start of August, a close friend of the Scholls', Ernst Reden, had been killed in action in Russia. Inge Scholl remembers her sister reacting to the news with the words: "That's enough. Now I'm going to do something."[82]

Unfortunately it can no longer be established exactly when Willi Graf was integrated into the core of the resistance group. It is likely that his new friends told him of their activities as early as summer 1942. His decision to join them was preceded by a lengthy period of deliberation, accompanied by intensive talks among the students, for his decision is first mentioned in his diary on 2nd December 1942. He himself said that his contact to the members of the White Rose only deepened into close friendship during their stay in Russia together.[83] Although Willi Graf was involved in all the activities, he alone among the others sometimes doubted whether his actions were right. In early February 1943 Gisela Schertling was let into the secret. She was a student of German who knew Sophie Scholl from their time in the National Labour Service and was Hans Scholl's new girl-friend. At the start of December Christoph Probst was transferred to Innsbruck and now only met his friends occasionally. During this time decisions tended to be made increasingly by the Scholls, and their flat in Franz–Joseph–Straße became a new meeting–place for the group.

In the winter of 1942/3 the friends in Munich spent much of their time widening the core of the resistance. Their way of finding reliable support was based on the security that trust in old friendships provided. When he tried to enlist new supporters Hans Scholl used to assure them (probably not truthfully) "that these weren't only his views, that he knew people in influential positions who shared his opinions," but didn't mention any names.[84] In November and December 1942 the group expanded in various directions. In the late autumn Traute Lafrenz, who hailed from Hamburg, took two leaflets there. She had contacts to a group of students which had existed since 1934/5 who were critical of the regime. The most important figure in the group was Hans Kucharski, whom she had known since their schooldays at Hamburg's Lichtwark School. She gave him the leaflets and promised to send more. Jürgen Wittenstein tells of contact with a group of students in Berlin headed by Hellmut Hartert, a friend of Hans Scholl's from his student days in Munich. The most promising contact was Falk Harnack. A dramaturg at the National Theatre in Weimar until 1941, Harnack had contacts via his brother to the communist resistance group 'The Red Orchestra' (Die rote Kapelle) and via his brother-in-law Dietrich Bonhoeffer to the Confessing Church (Bekennende Kirche). Lilo Ramdohr knew Falk Harnack from their time together in Weimar and she knew Alexander Schmorell. She arranged a meeting between Hans and Alexander and Falk Harnack in Chemnitz in November 1942. This was not without risk for the students, because as soldiers too they were not allowed to leave their base without permission. After the war Harnack recalled that "Scholl and Schmorell's illegal activities so far had been motivated by emotionally decent and idealistic attitudes."[85] Hans Scholl's aim was to "create illegal student cells at all German universities, which were to organise the sudden and concerted distribution of leaflets."[86] On 9th February 1943 Harnack met Professor Huber, Alexander Schmorell, Hans Scholl and Willi Graf in Munich. Their discussion about the aims and methods of the resistance showed the differences of opinions within the group. Whereas Hans Scholl hoped the leaflets would greatly help to mobilise opinion against the National Socialist regime, Harnack was sceptical. He favoured the socialisation of industry, but Hans Scholl and especially Professor Huber rejected this, while Alexander Schmorell was more open to such suggestions.

Because Willi Graf had a large circle of friends from the Catholic Youth Movement, it seemed that he had the best opportunities to expand the circle of those involved. But many of his friends from the 'Grauer Orden' were sceptical and cautious, not only because they felt that the risk of getting involved in the production of leaflets far outweighed the probable success of such a campaign, but also because they questioned the sense of resistance in principle. With other people he was more successful: the brothers Hans and Willi Bollinger agreed to support the White Rose. Hans Bollinger, a lecturer in philosophy at Freiburg University, later said: "We understood each other at once, and I told him he needn't go to Freiburg, as I already had a resistance group there. In Saarbrücken my brother (Willi Bollinger) took over the task ... and forged leave permits and military railway passes for Willi [Graf — ed.]"[87]

In January 1943 the students also told Kurt Huber about their activities.[88] This was an important step inasmuch as Huber was the first older person to be told about the leaflets. What was it that prompted Professor Huber to take the step, fraught with grave personal danger, from expressing dissent to a small circle of trusted friends to proclaiming it in public? It is precisely his initially ambivalent attitude that makes it necessary to enquire further into the reasons for his decision.

First of all, Kurt Huber's determined opposition to the Third Reich only grew slowly. This can be seen from his reaction to National Socialist foreign policy. Like most Germans he was in favour of the revision of the Treaty of Versailles and, again like many Germans, he supported "a policy of strength in the East."[89] But the terror practised by the SS and the Wehrmacht in the occupied Polish and Russian territories led him to oppose the National Socialist government. His widow reports that the news of the atrocities in the East, scraps of which had been reaching Germany since 1942, was a major reason why Huber's views became more radical. His rejection of National Socialism was not limited to the policy of extermination; another mainspring of his protest was the National Socialists' anti-clerical religious policy. In a lecture delivered at Munich University in November 1942 Kurt Huber gave a biographical sketch of the philosopher Leibniz. In a perfectly executed example of the art of linguistic disguising, he indirectly contrasted the philosopher's anti-absolutist concept of the state with the reality of National Socialism and in this way showed up the latter's inadequacy in four ways. As opposed to the anti–clerical National Socialist regime, Kurt Huber propagated a state in which the religious freedom of the individual was guaranteed. By comparing it with Leibniz' concept of the state, defined by the identical wills of the ruler and the ruled, he exposed the chasm between the present regime and the people, which could only occasionally be briefly papered over by mass rituals for propaganda purposes. He stressed that — in contrast to the absolute power of the Führer under National Socialism — the ruler ought equally to be bound by laws and the welfare of the community. Finally he posited an alternative to the prevailing Führer-principle in the form of a system of loyalties based not on might but on the free choice of autonomous individuals.[90] In addition to this a concrete experience prompted the step from being an accessory to being an accomplice. "The decisive impulse for the total shift in my views was when Gauleiter Giesler summoned the student body to the Kongreßsaal of the Deutsches Museum. I considered it quite simply an impossible way to treat German soldier students to expect them to let themselves be checked off at the door and threatened that if someone was absent they would not be allowed to immatriculate at any German university the following semester. In this action by the Gauleiter I saw and still see not only a massive affront to German students and German education but also a direct attack on the German army ... I believe that this presumption caused much more unrest than the insulting of the female students by the students' leader and unfortunately also by the Gauleiter ... It was not the insult itself but the way the insult was communicated to the press and the students that shocked me so deeply. It was my firm resolve to come out into the open for once and somehow announce, not to an audience but to those in the Party who were responsible, what the people and German students and professors thought of this action against personal liberty and honour. It was only at that moment that it occurred to me to use Scholl's leaflet campaign for this."[91]

Huber is here referring to the incidents at the 470-year celebrations of the University. On 13th January 1943, Acting Gauleiter Giesler had made offensive comments about women who studied and in suggestive words denied their right to study. The outrage with which the students, both male and female, reacted to these attacks culminated in a brawl between students and stewards, who had been summoned and had started to arrest the protesting female students.

Huber's contact to the White Rose remained limited; only occasionally did the students visit him at his home in Gräfelfing. While the others kept in the background, political debates took place between Huber and Hans Scholl which clearly showed both the similarities and the differences in their political views. In a conversation about the future shape of Germany after the war, Professor Huber claimed "that to effect a change it would be vital to slowly win over the conservative elements of the National Socialist Party and above all the old National Socialists. Scholl was decidedly sceptical of this view. He repeatedly stated his opinion that all the leading figures of National Socialism had on principle to be excluded. On the other hand we were in full agreement that a true system of estates coming from the South, such as had originally been envisaged to a large extent in the National Socialists' programme, would be the only possible basis. Furthermore we agreed that in the present economic situation in Europe a socialistic system was vitally necessary."[92] By 'socialistic' Huber does not here mean the complete nationalisation of the means of production, a concept he absolutely detested, but a form of national economic policy in which market regulation would go hand in hand with strengthening the middle classes, tradespeople and farmers.

When, accompanied by Willi Graf, Scholl and Schmorell showed Huber their drafts for a fifth leaflet in mid–November, he rejected Schmorell's draft as "sounding communist"[93] and favoured instead Hans Scholl's manuscript. The new title — 'Leaflets of the Resistance Movement in Germany' ('Flugblätter der Widerstandsbewegung in Deutschland') instead of the vague and romantic 'Leaflets of the White Rose' ('Flugblätter der Weißen Rose') — straightaway indicates a change of direction. Huber's vain protest against this new title shows the limits of his influence; the students accepted a number of suggestions from the older man with his superior knowledge and education, but they reserved for themselves the right to make the final decisions about the contents of the leaflets.

The fifth leaflet again contains dominant themes from the previous ones; again the call to break with National Socialism, again the appeal: "Cast off the cloak of indifference."[94] The theme of the threatening day of justice after the end of National Socialist rule can also be found again in the text. But the language is more definite, more immediate, the statements more concrete, less metaphysical, the political power more obvious. "It is a mathematical certainty that Hitler is leading the German people to destruction. *Hitler cannot win the war, only prolong it!*"[95] This leaflet deals with the future shape of Europe in far greater detail than those in the summer. It puts forward a list of basic rights that includes the human rights the National Socialists had abolished. The reflections on the post-war political order, which used Kurt Huber's wording, condemned "all centralised power, such as the Prussian state attempted to exercise in Germany and Europe ... The Germany of the future can only be a federal state. Only a sound federal system can today still imbue a weakened Europe with new life. The workers must be freed from their condition of down-trodden slavery by a reasonable form of socialism. The illusory structure of autonomous industry must disappear in Europe. Every nation and every individual has a right to the goods of the world! Freedom of speech, freedom of religion, the protection of the individual against the arbitrary will of criminal dictatorships; these must be the foundation stones of a new Europe."[97]

The fifth leaflet was the first to be produced in large numbers, the indictment against Schmorell and others speaks of several thousand copies. Alexander Schmorell and Sophie Scholl sent a number of these by post from various towns in Southern Germany and Austria "to create the impression that it was part of a large, widespread organisation."[98]Franz Müller and Hans Hirzel, together with the latter's sister Susanne, helped the group by posting leaflets that Sophie Scholl brought to Ulm.

The Opposition — the Gestapo investigates

Ever since the first leaflets had appeared in early summer 1942, the Gestapo had been searching for the perpetrators. They fairly quickly gathered evidence to suggest that the authors were to be found in the region of Munich, probably at or around the University. The investigations, previously treated as a routine matter, were given priority treatment when technical tests proved that the new leaflets, which appeared in masses in late January 1943, had been produced on the same typewriter as those of the previous summer. According to Robert Mohr, the head of the special unit formed to track down the White Rose, the leaflet campaign had caused "disquiet and excitement" among the "highest echelons of state and Party."[99] At first the Gestapo shadowed Dr. Max Stefl, a librarian who had been dismissed in 1934 because of his political leanings, but their intensive investigations yielded no concrete evidence. A description published in various newspapers and a "large–scale search carried out in the City of Munich on 4th February 1943 by all available police and detective officers"[100] also remained fruitless.

The classical scholar Professor Richard Harder of Munich came remarkably close to the real authors in an assessment he produced for the Gestapo shortly before the students were arrested. "The two concoctions are of an extremely high standard ... The man knows exactly what he wants; he has detailed knowledge ... The author's German style is excellent, as only a man who has had long contact with German literature can write, presumably either an arts scholar or a theologian. 4. The author's style shows that he is intimately acquainted with Luther's translation of the Bible ... To sum up, the author is a gifted intellectual who is aiming his propaganda at academic circles, particularly the students." Although the products of his mind "do not sound like those of a lonely, embittered individual, and are presumably the work of a certain clique, they do not emanate from a group active in power politics: the language is too abstract for that; it will not (and cannot) find any echo among the broad mass of soldiers or workers."[101]

"Night is the friend of the free" — the resistance becomes more radical in January/February 1943

In an action which, although they were armed, was nevertheless very dangerous, Scholl and Schmorell spent several nights painting the slogans "Freiheit" ("Freedom") and "Nieder mit Hitler" ("Down with Hitler") as well as crossed-out swastikas on the walls of houses in the centre of Munich and in the immediate vicinity of the University. The first time was in the night of February 3rd, immediately after the announcement of the defeat at Stalingrad. It was Alexander Schmorell who obtained the materials, paint and stencils for the actions, which Willi Graf also took part in later on. Although Sophie Scholl several times begged to join in, her brother refused point-blank.[102] The decisive impulse for these actions may well have been the hope of stirring up the students, inflamed as they were after the uproar following Giesler's speech on 13th January 1943, and of demonstrating to those hostile to the regime that others also felt the way they did.[103] Although Christoph Probst had criticised the nocturnal daubing of walls, a draft for a leaflet, which Hans Scholl encouraged him to write at the end of January, indicates that he had given up his cautious attitude towards active resistance.

During this extraordinarily strenuous period the members of the White Rose did not disappear into the underground, but basically carried on with their lives between the familiar twin poles of student company and university. The evenings of readings continued to take place, though they dealt with far more political subjects than the year before. For example, the church's silence in the face of the crimes of the National Socialist state was severely criticised. "Scholl felt that what the state permitted itself nowadays could no longer be tolerated. In this connection he mentioned the persecution of the Jews and said that out of human charity it was essential to do something about it at once."[104] The painter Wilhelm Geyer told the Gestapo: "To this Dohrn replied that it was not the church's business, but that of each individual believer. The question was really whether Christians today were all right, because they ought to protest for their concerns even if it cost them their lives. To this I myself replied that this was not the opinion of the church. It only expected people to risk their lives for their own personal beliefs. Willi Graf supported me in this. The discussion ended with the realisation that the participants could not agree on these points."[105] At a time when it might be supposed that he had little time to enjoy culture, Willi Graf's diaries contain thoughts about concerts he had attended and long books he had read. But there were also signs of the incredible strain they were all under in January and February; Hans and Sophie "repeatedly said that they felt they were being observed."[106] The mental and physical overexertion, probably combined with the use of stimulants, will have contributed to the decided weakening of the group's inhibitions concerning dangerous actions.

"To come out into the open for once" — Kurt Huber, the sixth leaflet and the White Rose

"Freedom!" — This concept pervades the sixth leaflet, composed by Kurt Huber at Hans Scholl's prompting and distributed in Munich from mid–February onwards. It concerns itself more directly than its predecessors with the specific situation of the students. In it Huber referred to the incidents during the University's 470-year celebrations and attacked the National Socialists' system of education with biting severity.

The main theme of his leaflet is, nevertheless, the German defeat at Stalingrad. The first paragraph ends: "Three hundred and thirty thousand German men have been senselessly and irresponsibly driven to death and destruction by the inspired strategy of the corporal from the World War. Führer, we thank you!"[107] It is a bitterly ironic use of a common form of homage. Huber develops the motif of the Wars of Liberation, which had been referred to in previous leaflets, by comparing the defeat of the German Sixth Army with the heavy losses Napoleon's army sustained while crossing the River Beresina and conjures up the impending downfall of the National Socialist regime. *"Students! The German people look to us!* As in 1813 they expected us to shake off the yoke of Napoleon, so in 1943 they look to us to break the National Socialist terror by the power of the spirit. Beresina and Stalingrad are blazing up in the East; the dead of Stalingrad implore us! 'Up, up, my people; the beacon fires are burning!' Our people stand ready to rebel against the subjugation of Europe by the National Socialists in a fervent new breakthrough of freedom and honour!"[108]

Although the sixth leaflet was composed by Kurt Huber, the final editing was carried out by the younger generation. One section, which called on the students to continue to support "our glorious army"[109]*, led to conflict; Schmorell and Scholl refused to include the passage. This controversy clearly indicates the differing points of view within the group and also who made the final decisions. They were united by their common cultural horizons and above all by their opposition to National Socialism, but they differed in their opinions as to the form and extent of their resistance, and discussions did not always end in a consensus. In the last analysis, however, it was the students who made the final decisions, because they had access to the duplicating machine. It is therefore doubtful whether Professor Huber was their mentor or even the "spiritual leader"[110] of the resistance group.

In the days preceding February 18th the leaflet was mailed to about 1000 students at the Ludwig-Maximilians University. Lilo Fürst-Ramdohr recalls that at Hans Scholl's suggestion it was decided to distribute the remaining copies of this leaflet in the University as well. When Alexander Schmorell, whom Hans had asked first, hesitated, Sophie took his place.[111]

At about 11 a.m. on February 18th the janitor Jakob Schmid observed Hans and Sophie Scholl distributing the leaflets in the Atrium of the University and detained them. After the war he would maintain that he had merely been carrying out his "official duties."[112] The University Registrar Haeffner summoned the Gestapo, who took the pair away for questioning. Willi Graf and his sister Anneliese were arrested the same evening, Christoph Probst two days later in Innsbruck. The Gestapo had found his draft for a leaflet when they arrested Hans Scholl.

Before the People's Court

Only four days later, on 22nd February 1943, the trial of the Scholls and Christoph Probst began in the wood–panelled committee room 216 in the Munich Palace of Justice. At the express request of the Gau administration it was conducted by the First Senate of the People's Court, specially sent from Berlin.

By 1943 the administration of criminal justice in Germany had long since degenerated into an instrument of the National Socialist system of injustice. In 1936 the Reich Head of Justice (Reichsrechtsführer) Hans Frank had declared that it was no longer the judges' duty to guarantee the rights of the individual, they were rather to "maintain the community of the people, destroy vermin, punish behaviour that endangered the community, and settle disputes between members of the community. The basis of interpretation of all legal sources is National Socialist ideology, especially as expressed in the Party programme and in the utterances of our Führer."[113] In the new "German law" the National Socialists' racial doctrines replaced the earlier basic principle that all men were equal before the law.

Between 1933 and 1943 the number of crimes punishable by death rose from three to 46, and the number of death sentences passed rose from 23 in 1938 to more than 5000 a year by 1943. The steadily increasing influence of the National Socialist executive on the administration of criminal justice could be seen particularly clearly when the "Pan–German Parliament" ("Großdeutscher Reichstag") proclaimed Hitler supreme judge in its last session on 26th April 1942. In addition to the special courts with judges especially loyal to the regime, the People's Court rapidly became one of the most important tools of the National Socialist terror. All its members were directly nominated by Hitler, only two of the five members of a Senate had to be qualified judges. From August 1942 its president was Roland Freisler, a fanatical National Socialist.

The first proceedings against the White Rose students resembled a Party rally rather than a trial in a court of law. The spectators were invited members of the judiciary, the armed forces and the

Party, and Freisler himself, "raging, shouting, yelling till his voice cracked, repeatedly jumping up explosively"[114], that morning played the part of prosecuting counsel better than that of judge. The course of the proceedings was governed not by an attempt to determine the truth but by the endeavour to condemn the accused in swift and exemplary manner. At about 1.30 p.m., after a trial lasting barely four hours, Freisler pronounced three death sentences. That same afternoon Christoph Probst and the Scholls were guillotined in Stadelheim prison.

Two days after the execution of his friends, Alexander Schmorell also fell into the hands of the Gestapo. Despote several attempts to flee, in which he was aided by Lilo Ramdohr and Nikolai Hamasaspian, a Bulgarian student, he was recognised in an air-raid shelter by a fellow-student and handed over to the Gestapo.[115] Three days later the Gestapo turned up on Professor Huber's doorstep. Before February was out, Hans Hirzel and his sister Susanne were also arrested. The Gestapo's investigations led to the arrest in March of Franz Müller and his fellow pupil in Ulm, Heinrich Guter, of Heinz Bollinger and Helmut Bauer from Freiburg, and of Falk Harnack and Eugen Grimminger. After intensive interrogation they were finally arraigned on 8th April together with Willi Graf on charges of high treason or support and complicity. Whereas in the first trial the accused had hardly been allowed to speak, in the second trial, which took place on April 19th, also before the People's Court in Munich, Kurt Huber managed to make a speech in his defence.

This moving document, which survives in manuscript, gives impressive insights into Kurt Huber's motives. Naturally, because of the special circumstances of its composition, it can only be decoded with great care. Huber attempted to aim his criticism directly at the workings of the system, not to express opposition in principle. This he did in a very subtle way. Precisely because his speech did not primarily attack National Socialism itself but its consequences, he exposed the effects of National Socialist rule on German society with brutal clarity. The situation in the courtroom must have been moving, despite its inhumanity, for suddenly the roles were reversed. Instead of pleading for his life, the accused attacked the National Socialist rule of terror. He violently castigated the situation at German universities: "In the ten years of its rule, the Party has completely destroyed the freedom and ethical independence of German youth and bolshevised the whole educational system. The entire body of German professors stood by and watched as the German system of education was destroyed in the Bolshevist manner."[116] When after the tasteless attacks on Munich's female students by Gauleiter Giesler "none of the University rectors and professors dared ... to side boldly and openly with the students ... [that] prompted me to dissociate myself clearly and honestly from the rest of the professors."[117]

Kurt Huber's concern was conservative in the literal meaning of the word. His protest was occasioned by "clearly visible violations of the law to benefit centres of power in the Party and the state."[118] His goal was the "restoration of legality."[119] "I do not want revolution," he told the Gestapo, "quite the contrary; I want to guide the present state back to a national and at the same time moderately socialist interpretation of the Führer-principle, which can be reconciled with the unconditional demand for freedom and autonomy of the individual."[120]

This speech in his defence shows Professor Huber to be a political scholar, in this sense not unlike his picture of Leibniz, on which he continued to work till his death. His actions were determined to a considerable extent by what he felt to be the duty of the academic to assume responsibility for society and the state. "As a German citizen, as a German university teacher, and as a political person," Huber declared, "I consider it not only my right but a moral duty to take part in shaping the political destiny of Germany, to expose and combat obvious wrongs."[121]

After a trial lasting 14 hours, Freisler pronounced judgement. The People's Court sentenced Alexander Schmorell, Willi Graf, and Kurt Huber to death. Schmorell and Huber were executed on 13th July, Graf only on 12th October. The Gestapo had hoped – vainly – to get information about his connections to Willi Bollinger, who was being tried before the regional court in Saarbrücken. The rest of the accused were sentenced to terms of imprisonment or hard labour ranging from six months to ten years. The only person to be acquitted was Falk Harnack. In two subsequent trials before special courts other people received prison sentences. The bookseller Josef Söhngen, in whose cellar Hans Scholl had often concealed the duplicating machine, succeeded in hiding this fact but not his knowledge of the leaflets. For not reporting high treason he was sentenced to six months in prison. Manfred Eickemeyer and Harald Dohrn, who managed to conceal their complicity, were acquitted.[122]

Reactions to the resistance of the White Rose

Nobody lifted a finger when the Gestapo led Hans and Sophie Scholl from the sealed-off university main building. The University made no attempt to protect its members. On the contrary, eager to distance itself from them, it debarred all the convicted students from studying. After Professor Huber had been dismissed from his post, the Convocation of Heads of Faculty ('Dekanatskollegium') deprived him of his doctorate, which he had gained 'summa cum laude'. On the evening of 22nd February 1943 — shortly after the Scholls and Christoph Probst had been executed in Stadelheim — the student leaders called for an "Expression of Loyalty" in the main lecture hall of the University to demonstrate in this way that the members of the White Rose had been "typical outsiders" among the students and that their "criminal activities ... are not characteristic of students generally."[123] The reactions in the packed lecture hall seemed to prove them right. Professor Huber had to watch as the students sat in silence while the regional student leader reviled the executed members of the White Rose as "base, dishonourable fellows."[124] Li Magold, who witnessed these events as a student, recalls that "hundreds of students applauded the informer, the University caretaker, cheering and stamping their feet, and he acknowledged it, standing there with his right arm raised in a National Socialist salute."[125]

The "wave of rebellion"[126] that the Scholls had hoped for did not materialise. Their deeds were a sign of hope for the like-minded, but they could not — as had been hoped — stir the people up against the regime. Like the other resistance groups in Germany, the White Rose never had a broad base. Rumours of their deeds, often conflated with the student brawls following Giesler's speech, were still talked about in Munich for a time. But the majority of the German public, who only knew about them from brief reports in the newspapers, reacted with indifference, some people even approving of the students' execution.

At first, the memory of the deeds of the White Rose was kept alive abroad. Resistance groups smuggled the leaflets to enemy countries via neutral consulates. Thus in a BBC broadcast in June 1943 Thomas Mann could use the deaths of the Munich students to attack a view widely held among the Allies that "no distinction was to be made between the German people and National Socialism, that German and National Socialist were one and the same thing."[127] The "National Committee for a Free Germany", which operated from the Soviet Union, mentioned the death of the Scholls in numerous broadcasts and in a leaflet aimed at soldiers at the front. The leaflets of the White Rose achieved their widest circulation, however, when tens of thousands of copies of the sixth one were dropped over Germany by British aeroplanes in July 1943.[128]

Hans Leipelt and the Chemistry Institute

Nevertheless, the beacon of the White Rose did spark off direct reactions inside Germany, too. In March 1943 the "Uncle Emil Group" ("Onkel–Emil–Gruppe"), consisting of students and young graduates, distributed the sixth leaflet in Berlin.(129) In late summer 1944 cyclostyled leaflets with the title "Munich Free Students" ("Freie Studentenschaft Münchens") appeared in Munich. Again the Gestapo suspected that the authors were members of the Student Companies.[130]

A group of students at the Chemistry Institute at Munich University regarded themselves as the successors to the White Rose. After the execution of the Scholls, Hans Leipelt and Marie–Luise Jahn copied the last White Rose leaflet on their typewriter, adding the postscript: "And despite all their spirit lives on!"[131] For them and for a few other students, distributing leaflets was not the only way to oppose the National Socialist regime. Inspired by Wolfgang Erlenbach, members of the Chemistry Institute contributed to a collection to relieve the precarious financial situation of Professor Huber's widow, who had been left destitute following her husband's death.

Conditioned by his experiences, Hans Leipelt had a disposition for oppositional behaviour. The son of an engineer and a Jewish doctor of chemistry, he grew up in a cultured bourgeois family in Hamburg. He experienced the discriminatory effects of the National Socialists' racial teaching quite differently from the students in the White Rose, far more drastically. During the war the family received smaller rations than the rest of the German population, because – in the language of the time – they were "Jewish by marriage". Hans Leipelt took it as a personal insult when, shortly after he had been decorated for his exploits during the campaign in France, the Wehrmacht discharged him as a "Jewish half–breed" in circumstances he felt to be degrading. His girl-friend at the time, Marie-Luise Jahn, remembers that this discrimination caused his existing dislike of National Socialism to develop into a "deep hatred of the regime, which was to determine his future actions."[132] His mother's family felt the effects of the National Socialists' anti–Semitism far more severely. Whereas Frau Leipelt was at first not in direct danger, being a partner in a so-called "privileged mixed marriage", Hans saw his grandmother deported to the concentration camp at Theresienstadt together with hundreds of other Hamburg Jews in July 1942. Before this, immediately after the annexation of Austria in 1938, his Jewish uncle had committed suicide in Vienna. He was thus impelled to act not so much by the desire to oppose the National Socialists politically, but rather by the injustices he and his family had suffered at their hands.

Opinions differ as to Leipelt's political views. His hatred of the regime, which he displayed openly, made him incautious, and his friends often begged him to restrain himself in public. His criticism of the National Socialist regime, often expressed with biting scorn, together with his sympathy for socialist ideas, sometimes made Hans Leipelt seem a "provocative leftist intellectual" in the eyes of his fellow students.[133] But these ideas probably served more as a contrast to National Socialist ideology than as an expression of mature political convictions. The members of the White Rose had not countenanced acts of violence which might have endangered innocent lives. Hans Leipelt was more radical, at least in his imagination. However, none of the acts of sabotage which he and Kucharski considered, such as blowing up bridges, ever got beyond the planning stage, partly because his friends refused to support them.

Because Hamburg University was constantly stepping up its harrassment of "Jewish half-breeds", Hans Leipelt transferred to Munich University in Winter Semester 1941/2. The climate at the Chemistry Institute at Munich University, headed since 1925 by the future Nobel Laureate Heinrich Wieland, was a special one, perhaps unique in the universities of the Third Reich. For Professor Wieland academic freedom meant not only research free from outside interference, but also the personal and political autonomy of the academics and their students. Wieland, who after the war never laid claim to the label "member of the resistance", ignored the racial laws of the National Socialist state and managed to maintain his attitude despite pressure from the university authorities. So-called "half–Jews" could study at his institute as "guests of the Privy Councillor" unhampered by restrictive regulations, until all "first degree half-breeds" from Munich were taken to labour camps in 1944.[134] According to former students, convinced National Socialists were in the minority at the Chemistry Institute, so the department could shield members of the institute who exchanged information heard on foreign radio stations, non-conformist literature, even jokes against the regime. Nevertheless, the collection for Clara Huber was denounced and Hans Leipelt, Marie-Luise Jahn and several others were arrested in early October 1943. As with the White Rose their "crime" was basically the attempt to build up an alternative communication structure. Via Heinz Kucharski, whom he knew from his schooldays, Leipelt had passed the sixth leaflet of the White Rose to Hamburg, where it circulated among groups of oppositional graduates. In addition to duplicating this leaflet, he was accused of disseminating forbidden literature, above all texts by Thomas Mann and Bert Brecht.

The trial took place in Donauwörth in Swabia in October 1944 before the Second Senate of the People's Court. Of the accused, Ernst Holzer and Mirjam David were sent to concentration camps. Wolfgang Erlenbach, Valentin Freise, Hedwig Schulz and Marie-Luise Jahn were sentenced to several years in prison. Hans Leipelt was sentenced to death by the People's Court and was executed in Stadelheim prison on 29th January 1945.[135]

IV. "And despite all their spirit lives on"? – Reflections on the White Rose

The death of the students did not put an end to the history of the White Rose. Only a few months after Hans Leipelt's execution the Allies liberated Germany from National Socialism. The tradition of publicly commemorating the victims began as acts of remembrance by their families and by eye-witnesses, and was soon continued in the form of memorial hours at the university. In the first few years particularly, the immediate effects of National Socialist rule were still evident, and the early commemorative addresses attempted to use the resistance of the White Rose – as a synonym for the "other Germany" that still continued to exist under the National Socialist regime – to provide a moral legitimation for the fledgling Federal Republic. The special significance of the White Rose was due at least in part to the seemingly clear complex of motives; fundamental opposition based on conscience and moulded by conservative and Christian ideas reflected the basic anti-National Socialist attitudes espoused by the political parties in the emergent democracy. The death of the students is part of this effect. On the one hand it seemed to demonstrate to those who had remained aloof that the chances of successful oppositional actions during the Third Reich had been "very slim"; on the other hand the students actions opened up new democratic perspectives to their contemporaries, many of whom had lost their orientation with the collapse of National Socialism. In this way the White Rose joined Stauffenberg and Galen in post-war Germany to become the "trinity of positive resistance".[136] They represented the university, one of the institutions – like the armed forces and the church – which because of their record under National Socialism desperately needed a positive new identity, which could be provided by resistance fighters from among their ranks. One thing, however, is often forgotten. Academic resistance had its place at Munich University, but not its roots. The White Rose friends were alone among their fellow–students, isolated at the University as a whole.

Fifty years have now elapsed since the death of the students. Now that it has become a routine event, the public commemoration of their resistance is in danger of becoming superficial, if coming to terms intellectually with the past is replaced by empty rituals of solidarity, if groups in society derive their legitimation from the academic resistance without subscribing to its values. For it is only if we constantly face up to the deeds, aims and motives of that resistance that history can come alive and become vital; only in that way can the White Rose achieve its significance in our times. It is therefore valuable to ask ourselves again at the end of this work what values the White Rose stood up for and – insofar as people still feel bound to their heritage – to what extent they are still relevant today.

The students of the White Rose did not fit into the nameless mass, the "community of the people" ("Volksgemeinschaft"), which satisfied many people's desire for security and solidarity at the price of giving up their individual identity. But what they did not only represented a retreat from the demands of National Socialism, their actions attempted to limit the effectiveness of the Third Reich. Leaving aside the varying individual reasons for their resistance – for Christoph Probst, for example, his horror at World War II, for Alexander Schmorell, apart from his friendship with Hans Scholl, above all the invasion of his native Russia –, if we look at the circle of friends as a group we can see more general motives which shaped their acts together.

To begin with there was for all of them the curtailment of intellectual freedom, which Sophie Scholl called the "very main reason"[137] for her dislike of National Socialism. To this was added a very personal motive. Hans Scholl, who for a long time had doubts about the legitimacy of his resistance, said that ultimately his "inner duty outweighed the oath of allegiance"[138] which he had sworn as a soldier. The same is true – though it took longer to develop – for Professor Huber. He told the Gestapo: "I can no longer reconcile it with my conscience as a German university teacher passively to watch the impending destruction ... of the German people, only in order to preserve my position and to avoid coming into external conflict with the state, when I cannot deny my inner conflict with it."[139] Both of them thus name the primary mainspring for resistance: maintaining their individual consciences against the unreasonable demands of the collective. For the students of the White Rose resistance was a way of life, inextricably bound up with maintaining their own personalities. It did not result from the fear of losing their chance of survival, as it did with sections of the military and communist resistance; rather the White Rose students consciously accepted that risk to preserve the integrity of their own values.

To reduce their resistance to the moral plane would be to misunderstand the political dimension of the White Rose. It is precisely the re-uniting of education, morality and politics that is represented by their actions. In the sixth leaflet we can read: "We want genuine learning and real freedom of opinion" ('Geistesfreiheit'). This word indicates in the first instance the academic context of the resistance, but it also includes, as did the reading circles, the search for a personal standpoint, the striving for independent judgement. It does not only mean freedom of belief, thought and research for the individual, it always includes the freedom and integrity of others as well.

The deeds of the White Rose stand for responsibility, commitment, and risking one's own life for the community. In order "as a citizen of the state not to be indifferent to its fate," Hans Scholl told his interrogators, "I decided to demonstrate my convictions in deeds as well as in words. So I hit on the idea of composing leaflets."[140] His sister was influenced even more strongly by this motive. When a Gestapo official asked her whether she regretted her deeds, she replied: "From my point of view I can only answer ‹no›. I still believe that I have done the best I could do for my people at this time. I therefore do not regret what I have done and am willing to take the consequences ... upon myself."[141]

What present-day relevance can reflections on their resistance have, when we consider that the differences between the social systems are too great to permit direct comparisons? Conscience, judgement, the desire for intellectual freedom, responsibility towards the community, all these are virtues of timeless validity. But this also means that these values do not have to rely on the students' deaths for their justification. Nevertheless, it is useful, even imperative, to recall their actions, mindful of their personal weaknesses and political misjudgements, to remember their courage in risking their lives to draw attention to conditions that were diametrically opposed to their basic values. Fifty years on, such a protest no longer endangers people's lives. But it nevertheless remains necessary.

V. Anhang

(1) Willi Graf in Bad Wildbad, 1940

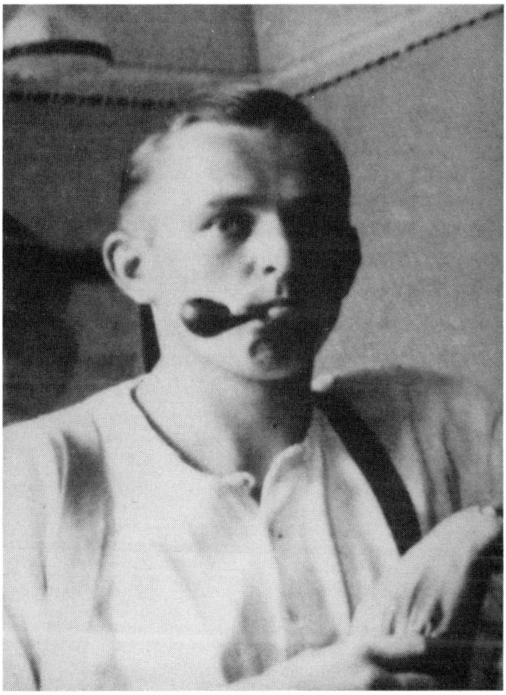

Willi Graf

geboren am 2. Januar 1918 in Kuchenheim/ Kreis Euskirchen. Abitur 1937, bis Oktober 1937 Reichsarbeitsdienst. Im Wintersemester 1937/38 Beginn des Medizinstudiums in Bonn. 1940 zur Wehrmacht eingezogen, Teilnahme als Sanitäter an den Kriegen gegen Frankreich, Jugoslawien und die Sowjetunion. Seit Sommersemester 1942 Weiterführung des Studiums an der Universität München. Hingerichtet am 12. Oktober 1943 in München–Stadelheim.

Born in Kuchenheim, District of Euskirchen, on 2nd January 1918. School leaving certificate 1937. Until October 1937 National Labour Service. Winter Semester 1937/38 began studying medicine in Bonn. Conscripted 1940. Took part in campaigns against France, Yugoslavia and Soviet Union as a medical orderly. In Summer Semester 1942 resumed his studies at Munich University. Executed at Stadelheim, Munich, on 12th October 1943.

(3) Kurt Huber im Talar der Philosophischen Fakultät
Kurt Huber in the robes of the Faculty of Philosophy

Kurt Huber

geboren am 24. Oktober 1893 in Chur/Schweiz. Musikwissenschaftliche Dissertation in München 1917, dort Habilitation 1920 für Philosophie und Psychologie. Ab 1925 Referent für Volksliedfragen bei der Deutschen Akademie. Seit 1926 außerplanmäßiger Professor in München. 1929 Heirat mit Clara Schlickenrieder, zuletzt zwei Kinder. Hingerichtet am 13. Juli 1943 in München–Stadelheim.

Kurt Huber

Born in Chur, Switzerland, on 24th October 1893. Doctoral thesis in musicology in Munich 1917; professorial thesis in philosophy and psychology in Munich 1920. From 1925 onwards adviser on folksongs to the German Academy. From 1926 onwards Professor Extraordinary in Munich. In 1929 marriage to Clara Schlickenrieder, two children. Executed at Stadelheim, Munich, on 13th July 1943.

(4) In den dreißiger Jahren
In the thirties.

(5) Hans Leipelt in seinem zerbombten Studentenzimmer, September 1943
Hans Leipelt in his bombed–out student lodgings, September 1943.

Hans Leipelt

geboren am 18. Juli 1921 in Wien, seit 1925 in Hamburg. Abitur 1938, dann Reichsarbeitsdienst und Wehrmacht. Teilnahme am Krieg gegen Polen und Frankreich. 1940 als „Halbjude“ aus der Wehrmacht entlassen. Beginn des Chemiestudiums in Hamburg, seit 1942 in München. Hingerichtet am 29. Januar 1945 in München–Stadelheim.

Born in Vienna on 18th July 1921, lived in Hamburg from 1925. School leaving certificate 1938, followed by National Labour Service and military service. Took part in campaigns against Poland and France. Discharged from the army as a "Half–Jew" in 1940. Began studying chemistry in Hamburg, from 1942 onwards in Munich. Executed at Stadelheim, Munich, on 29th January 1945.

(6) Christoph Probst mit Sohn Michael, Sommer 1941
Christoph Probst with his son Michael, summer 1941.

Christoph Probst

geboren am 6. November 1919 in Murnau. Seit 1933 auf verschiedenen Schulen und Internaten, 1937 Abitur. Nach Reichsarbeits- und Wehrdienst Beginn des Studiums der Medizin in München. Im Sommer 1941 Heirat mit Herta Dohrn, zuletzt Vater von drei Kindern. Weiterführung des Studiums als Angehöriger der Luftwaffe in Straßburg und München, zuletzt in Innsbruck. Hingerichtet am 22. Februar 1943 in München-Stadelheim.

Christoph Probst

Born in Murnau on 6th November 1919. After 1933 attended various day and boarding schools. School leaving certificate 1937. Following National Labour Service and military service started studying medicine in Munich. In summer 1941 marriage to Herta Dohrn, 3 children. Continued his studies as a member of the Air Force in Strasbourg and Munich, later in Innsbruck. Executed at Stadelheim, Munich, on 22nd February 1943.

(7) In den bayerischen Bergen
In the Bavarian mountains.

Alexander Schmorell

geboren am 16. September 1917 in Orenburg/ Rußland. Abitur in München 1937, danach Reichsarbeitsdienst und Wehrdienst. 1939 Beginn des Medizinstudiums in Hamburg, als Sanitäter im Krieg gegen Frankreich. Seit Herbst 1940 Fortsetzung des Studiums in München. Hingerichtet am 13. Juli 1943 in München–Stadelheim.

Born in Orenburg, Russia, on 16th September 1917. School leaving certificate in Munich 1937, followed by National Labour Service and military service. In 1939 started studying medicine in Hamburg. A medical orderly in the campaign against France. In autumn 1940 resumed his studies in Munich. Executed at Stadelheim, Munich, on 13th July 1943.

(8) Alexander Schmorell in Marienau, September 1940

(9) In einer Vorlesung, 1940
At a lecture, 1940

(10) Hans Scholl in München, 1941

Hans Scholl

geboren am 22. September 1918 in Ingersheim/ Württemberg. Abitur 1937 in Ulm, danach Reichsarbeits– und Wehrdienst. Seit Sommersemester 1939 Studium der Medizin in München. Teilnahme am Krieg gegen Frankreich als Sanitäter, im Herbst 1940 Weiterführung des Studiums in München. Hingerichtet am 22. Februar 1943 in München–Stadelheim.

Born in Ingersheim, Württemberg, on 22nd September 1918. School leaving certificate in Ulm 1937, followed by National Labour Service and military service. From Summer Semester 1939 onwards studied medicine in Munich. Took part in campaign against France as a medical orderly. Resumed his studies in Munich in autumn 1940. Executed at Stadelheim, Munich, on 22nd February 1943.

(11) Vermutlich 1941
Probably 1941

(12) Sophie Scholl, 1938
1938

Sophie Scholl

geboren am 9. Mai 1921 in Forchtenberg am Kocher. Abitur 1940, daran anschließend Kindergärtnerinnenausbildung. Seit Frühjahr 1941 je ein halbes Jahr Reichsarbeits- und Kriegshilfsdienst. Seit Sommersemester 1942 Studium der Biologie und Philosophie an der Universität München. Hingerichtet am 22. Februar 1943 in München-Stadelheim.

Born in Forchtenberg on the Kocher on 9th May 1921. School leaving certificate 1940, followed by training as a kindergarten teacher. From spring 1941 onwards six months National Labour Service and six months War Assistance Programme. In Summer Semester 1942 began to study biology and philosophy at Munich University. Executed at Stadelheim, Munich, on 22nd February 1943.

(13) An der Iller bei Ulm, Sommer 1938

(14) Lichthof der Ludwig-Maximilians-Universität vor seiner Zerstörung
Atrium of the Ludwig-Maximilians University before its destruction.

Verbreitung der Flugblätter der Weißen Rose
Distribution of the leaflets of the White Rose

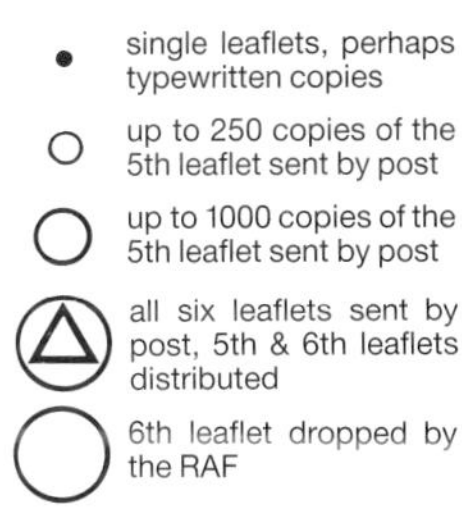

Abb. 15

Documents concerning the history of the White Rose

Third leaflet of the White Rose, distributed in early July 1942

Leaflets of the White Rose

III

"Salus publica suprema lex"

All ideal forms of government are utopias. A state cannot be constructed on a purely theoretical basis; rather it must grow and ripen in the way an individual does. But we must not forget that at the starting-point of every civilisation the state already existed in rudimentary form. The family is as old as mankind itself, and from this initial community man, endowed with reason, created for himself a state founded on justice, whose highest law was the common good. The state should exist as a parallel to the divine order, and the highest of all utopias, the civitas dei, is the model it should in the end resemble. We do not intend to pass judgement here on the various possible forms the state can take – democracy, constitutional monarchy, kingdom, etc. But one point must be stressed clearly and unambiguously. Every individual has the right to a workable and just state, a state which protects the freedom of the individual as well as the good of the whole. For it is God's will that man should freely and independently pursue his natural goal, his earthly happiness, in self-reliance and self-chosen activity within the community of life and work in the nation.

But our present "state" is the dictatorship of evil. "We've known that for a long time," I hear you object, "and it isn't necessary to remind us of it again." But I ask you, if you know that, why do you not do something, why do you allow those people in power to rob you step by step, both openly and in secret, of one area of your rights after another, until one day nothing, nothing at all will be left but a mechanised state system presided over by criminals and drunkards? Is your spirit already so crushed by abuse that you forget that it is not only your right, but also your *moral duty* to eliminate this system? But if a person can no longer summon up the strength to demand his right, then it is absolutely certain that he will perish. We would deserve to be scattered all over the earth, like dust in the wind, if we did not pull ourselves together even at this late hour and at last find the courage we have lacked up till now. Do not hide your cowardice under the cloak of expediency! With every day that you hesitate and do not oppose this creature of hell, your guilt grows and grows like a parabolic curve.

Many, perhaps most, of the readers of these leaflets are not sure how they can practise resistance. They do not see any opportunities. We want to try and show them that everyone is in a position to contribute to the overthrow of this system. It will not be possible to prepare the ground for the fall of this "government" or to bring about the revolution as soon as possible by solitary opposition in the manner of embittered hermits; it can be done only with the cooperation of many convinced and energetic people – people who are agreed as to the means they must use to attain their goal. We do not have a wide choice of means, the only one at our disposal is – *passive resistance.*

Dokumente zur Geschichte der Weißen Rose

Drittes, Anfang Juli 1942 verbreitetes Flugblatt der Weißen Rose

(Faksimile-Wiedergabe)

F l u g b l ä t t e r   d e r   W e i s s e n   R o s e

III

"Salus publica suprema lex."

Alle idealen Staatsformen sind Utopien. Ein Staat kann nicht rein theoretisch konstruiert werden, sondern er muss ebenso wachsen, reifen, wie der einzelne Mensch. Aber es ist nicht zu vergessen, dass am Anfang einer jeden Kultur die Vorform des Staates vorhanden war. Die Familie ist so alt, wie die Menschen selbst und aus diesem anfänglichen Zusammensein hat sich der vernunftbegabte Mensch einen Staat geschaffen, dessen Grund die Gerechtigkeit und dessen höchstes Gesetz das Wohl Aller sein soll. Der Staat soll eine Analogie der göttlichen Ordnung darstellen, und die höchste aller Utopien, die civitas Dei ist das Vorbild, dem er sich letzten Endes nähern soll. Wir wollen hier nicht urteilen über die verschiedenen möglichen Staatsformen, die Demokratie, die konstitutionelle Monarchie, das Königtum usw. Nur eines will eindeutig und klar herausgehoben werden: jeder einzelne Mensch hat einen Anspruch auf einen brauchbaren und gerechten Staat, der die Freiheit des Einzelnen als auch das Wohl der Gesamtheit sichert. Denn der Mensch soll nach Gottes Willen frei und unabhängig im Zusammenleben und Zusammenwirken der staatlichen Gemeinschaft sein natürliches Ziel, sein irdisches Glück in Selbstständigkeit und Selbsttätigkeit zu erreichen suchen.

Unser heutiger "Staat" aber ist die Diktatur des Bösen. "Das wissen wir schon lange," höre ich Dich einwenden, "und wir haben es nicht nötig, dass uns dies hier noch einmal vorgehalten wird." Aber, frage ich Dich, wenn ihr das wisst, warum regt ihr euch nicht, warum duldet ihr, dass diese Gewalthaber Schritt für Schritt offen und im Verborgenen eine Domäne eures Rechtes nach der anderen rauben, bis eines Tages nichts, aber auch gar nichts übrigbleiben wird, als ein mechanisiertes Staatsgetriebe, kommandiert von Verbrechern und Säufern? Ist euer Geist schon so sehr der Vergewaltigung unterlegen, dass ihr vergesst, dass es nicht nur euer Recht, sondern eure s i t t l i c h e P f l i c h t ist, dieses System zu beseitigen? Wenn aber ein Mensch nicht mehr die Kraft aufbringt, sein Recht zu fordern, dann muss er mit absoluter Notwendigkeit untergehen. Wir würden es verdienen, in alle Welt verstreut zu werden, wie der Staub vor dem Winde, wenn wir uns in dieser zwölften Stunde nicht aufrafften und endlich den Mut aufbrächten, der uns seither gefehlt hat. Verbergt nicht eure Feigheit unter dem Mantel der Klugheit! Denn mit jedem Tag, da ihr noch zögert, da ihr dieser Ausgeburt der Hölle nicht widersteht, wächst eure Schuld gleich einer parabolischen Kurve höher und immer höher.

Viele, vielleicht die meisten Leser dieser Blätter sind sich darüber nicht klar, wie sie einen Widerstand ausüben sollen. Sie sehen keine Möglichkeiten. Wir wollen versuchen Ihnen zu zeigen, dass ein jeder in der Lage ist, etwas beizutragen zum Sturz dieses Systems. Nicht durch individualistische Gegnerschaft, in der Art verbitterter Einsiedler, wird es möglich werden, den Boden für einen Sturz dieser "Regierung" reif zu machen oder gar den Umsturz möglichst bald herbeizuführen, sondern nur durch die Zusammenarbeit vieler überzeugter, tatkräftiger Menschen, Menschen, die sich einig sind, mit welchen Mitteln sie ihr Ziel erreichen können. Wir haben keine reiche Auswahl an solchen Mitteln, nur ein einziges steht uns zur Verfügung - der p a s s i v e W i d e r s t a n d.

The purpose and the goal of passive resistance is to topple National Socialism, and in this struggle we must not recoil from any course or action, whatever its nature. National Socialism must be attacked *wherever* it is vulnerable. We must put an end to this monster of a state as soon as possible. Victory for fascist Germany in the war would have incalculable, frightful consequences. It is not the military victory over Bolshevism that must be the first concern of every German, but the defeat of the National Socialists. This must *beyond all doubt* be the first priority. The greater necessity of this last demand will be discussed in one of our next leaflets.

And now every convinced opponent of National Socialism must ask himself how he can fight against the present "state" in the most effective way, how he can strike the most telling blows. Through passive resistance, without a doubt. Obviously we cannot provide everyone with guidelines for their actions, we can only suggest them in general terms; each individual must find the way to achieve this end.

Sabotage in armament industries and others important for the war effort, sabotage at every assembly, rally, ceremony, and organisation run by the National Socialist party. Preventing the smooth functioning of the war machine (a machine that works for a war being waged *solely* to shore up and perpetuate the National Socialist party and its dictatorship). *Sabotage* in all scientific and academic fields involved in continuing this war, be they universities, colleges, laboratories, research centres or technical offices. *Sabotage* at every cultural event that could add to the Fascists' 'prestige' among the people. *Sabotage* in every area of the fine arts that has even a tenuous link with the National Socialists and serves them. *Sabotage* in all books and newspapers financed by the 'government' which defend its ideas and help to spread the brown lie. Don't give a single pfennig to street collections (even when they are carried out under the pretence of charity. For this is only a pretext. In reality the proceeds aid neither the Red Cross nor the needy. The government does not need this money; it is not financially dependent on these collections. After all, the presses run continuously to produce any amount of paper money. But the people must be kept constantly in a state of tension, the pressure of the bit must not be allowed to slacken! Don't give anything to metal, textile or other collections. Try to convince all your acquaintances, including those from the lower social classes, of the senselessness of continuing this war and of its hopelessness, of our spiritual and economic enslavement, of the destruction of all moral and religious values by the National Socialists; and urge them to *passive resistance*!

Aristotle, *Politics*: "... and further it is part (of the nature of tyranny) to strive to see to it that nothing any subject says or does is kept hidden, but that he will be spied upon everywhere ... further, to set man against man and friend against friend, the common people against those of rank, and the wealthy against each other. It is also part of such tyrannical measures to keep the subjects poor in order to pay the bodyguard and so that they will be occupied with earning their daily bread and will have neither time nor leisure to hatch out conspiracies ... In addition, such high taxes on income as were imposed in Syracuse, for under Dionysius the citizens of the state had after five years spent their entire fortunes in taxes. The tyrant is also inclined constantly to stir up wars ..."

Please duplicate and distribute!

Der Sinn und das Ziel des passiven Widerstandes ist, den Nationalsozialismus zu Fall zu bringen und in diesem Kampf ist vor keinem Weg, vor keiner Tat zurückzuschrecken, mögen sie auf Gebieten liegen, auf welchen sie auch wollen. An a l l e n Stellen muss der Nationalsozialismus angegriffen werden, an denen er nur angreifbar ist. Ein Ende muss diesem Unstaat möglichst bald bereitet werden - ein Sieg des faschistischen Deutschland in diesem Kriege hätte unabsehbare, fürchterliche Folgen. Nicht der militärische Sieg über den Bolschewismus darf die erste Sorge für jeden Deutschen sein, sondern die Niederlage der Nationalsozialisten. Dies muss unbedingt an erster Stelle stehn. Die grössere Notwendigkeit dieser letzteren Forderung werden wir Ihnen in einem unserer nächsten Blätter beweisen.

Und jetzt muss sich ein jeder entschiedene Gegner des Nationalsozialismus die Frage vorlegen : Wie kann er gegen den gegenwärtigen "Staat" am wirksamsten ankämpfen, wie ihm die empfindlichsten Schläge beibringen? Durch den passiven Widerstand - zweifellos. Es ist klar, dass wir unmöglich für jeden Einzelnen Richtlinien für sein Verhalten geben können, nur allgemein andeuten können wir, den Weg zur Verwirklichung muss jeder selber finden.

S a b o t a g e in Rüstungs - und kriegswichtigen Betrieben, Sabotage in allen Versammlungen, Kundgebungen, Festlichkeiten, Organisationen, die durch die nat. soz. Partei ins Leben gerufen werden. Verhinderung des reibungslosen Ablaufs der Kriegsmaschine (einer Maschine, die nur für einen Krieg arbeitet, der a l l e i n um die Rettung und Erhaltung der nat. soz. Partei und ihrer Diktatur geht). S a b o t a g e auf allen wissenschaftlichen und geistigen Gebieten, die für eine Fortführung des gegenwärtigen Krieges tätig sind- sei es in Universitäten, Hochschulen, Laboratorien, Forschungsanstalten, technischen Büros. S a b o t a g e in allen Veranstaltungen kultureller Art, die das "Ansehen" der Faschisten im Volke heben könnten. S a b o t a g e in allen Zweigen der bildenden Künste, die nur im geringsten im Zusammenhang mit dem Nationalsozialismus stehen und ihm dienen. S a b o t a g e in allem Schrifttum, allen Zeitungen, die im Solde der "Regierung" stehen, für ihre Ideen, für die Verbreitung der braunen Lüge, kämpfen. Opfert nicht einen Pfennig bei Strassensammlungen (auch wenn sie unter dem Deckmantel wohltätiger Zwecke durchgeführt werden. Denn dies ist nur eine Tarnung. In Wirklichkeit kommt das Ergebnis weder dem Roten Kreuz noch den Notleidenden zugute. Die Regierung braucht dies Geld nicht, ist auf diese Sammlungen finanziell nicht angewiesen - die Druckmaschinen laufen ja ununterbrochen und stellen jede beliebige Menge von Papiergeld her. Das Volk muss aber dauernd in Spannung gehalten werden, nie darf der Druck der Kandare nachlassen! Gebt nichts für die Metall- Spinnstoff- und andere Sammlungen! Sucht alle Bekannte auch aus den unteren Volksschichten, von der Sinnlosigkeit einer Fortführung, von der Aussichtslosigkeit dieses Krieges, von der geistigen und wirtschaftlichen Versklavung durch den Nationalsozialismus, von der Zerstörung aller sittlichen und religiösen Werte zu überzeugen und zum p a s s i v e n W i d e r s t a n d zu veranlassen!

Aristoteles "Ueber die Politik" : ....."Ferner gehört es (zum Wesen der Tyrannis) dahin zu streben, dass ja nichts verborgen bleibe, was irgend ein Untertan spricht oder tut, sondern überall Späher ihn belauschen ....ferner alle Welt miteinander zu verhetzen und Freunde mit Freunden zu verfeinden und das Volk mit den Vornehmen und die Reichen unter sich. Sodann gehört es zu solchen tyrannischen Massregeln, die Untertanen arm zu machen, damit die Leibwache besoldet werden kann, und sie, mit der Sorge um ihren täglichen Erwrb beschäftigt, keine Zeit und Musse haben, Verschwörungen anzustiften.... Ferner aber auch solche hohe Einkommensteuern, wie die in Syrakus auferlegten, denn unter Dionysios hatten die Bürger dieses Staates in fünf Jahren glücklich ihr ganzes Vermögen in Steuern ausgegeben. Und auch beständig Kriege zu erregen ist der Tyrann geneigt..."

Bitte vervielfältigen und weitergeben!!!

(IfZ, Fa 215, Bd.1)

Draft leaflet by Christoph Probst, 28th/29th January 1943[142*]

(Discovered at Hans Scholl's capture, it led to Christoph Probst's arrest and execution)

Stalingrad!

200,000 German brothers have been sacrificed for the prestige of a military charlatan. The humane conditions for surrender which the Russians offered were concealed from the soldiers sacrificed. For this mass slaughter General Paulus received the oak–leaf decoration. High-ranking officers escaped from the battle of Stalingrad in aeroplanes.

Hitler forbade the encircled army to retreat to the second–line troops. Now the blood of 200,000 soldiers condemned to death accuses the murderer Hitler.

Tripoli!

It surrendered unconditionally to the English 8th Army. And what did the English do? They let the citizens carry on with their lives in their accustomed way. Even kept on the police and officials. One thing they did do thoroughly, though, they purged the Italian colonial city of all false ringleaders and subhumans. It is absolutely certain that the destructive and crushing superior forces will come bursting in from all sides. Just as Paulus did not surrender, so Hitler will not surrender either. There would be no escape for him then. And do you want to be lied to like the 200,000 men who defended Stalingrad without hope of victory? In order to be massacred or sterilised or for your children to be robbed? Roosevelt, the most powerful man in the world, said in Casablanca on 26th January 1943: Our fight to the death is not against peoples, but against political systems. We will fight on until unconditional surrender. Do you still have to consider before you make your decision?

Now millions of people's lives are at stake. Shall Germany suffer the fate of Tripoli?[143*]

Today the whole of Germany is surrounded, as Stalingrad was. Is every German to be sacrificed to the harbinger of hate and the desire for destruction? To the man who tortured the Jews to death, exterminated half of Poland and wanted to destroy Russia. The man who took away your freedom, peace, domestic happiness, hope and gaiety, and gave you instead inflationary money. This should not, must not happen! Hitler and his regime must fall, so that Germany can survive. Decide: Stalingrad or doom, or Tripoli and hope for the future. And when you have made your decision, act accordingly.

Flugblattentwurf Christoph Probsts, 28./29. Januar 1943[142]

(Gefunden bei der Verhaftung Hans Scholls, führte er zur Festnahme und Hinrichtung Christoph Probsts.)

Stalingrad!

200 000 deutsche Brüder wurden geopfert für das Prestige eines militärischen Hochstaplers. Die menschlichen Kapitulationsbedingungen der Russen wurden den geopferten Soldaten verheimlicht. General Paulus erhielt für diesen Massenmord das Eichenlaub. Hohe Offiziere haben sich im Flugzeug aus der Schlacht von Stalingrad gerettet.

Hitler verbot den Eingekesselten sich zu den rückwärtigen Truppen zurückzuziehen. Nun klagt das Blut von 200000 dem Tod geweihten Soldaten den Mörder Hitler an.

Tripolis! Es ergab sich bedingungslos der 8. englischen Armee. Und was taten die Engländer, sie ließen das Leben der Bürger in ihren gewohnten Geleisen weiter laufen. Belassen sogar die Polizei und Beamte in ihren Stellen. Nur eines machten sie gründlich, sie säuberten die größte italienische Kolonialstadt von allen falschen Rädelsführern und Untermenschen. Mit tödlicher Sicherheit kommt die vernichtende, erdrückende Übermacht von allen Seiten herein. Viel weniger als Paulus kapitulierte, wird Hitler kapitulieren. Gäbe es doch für ihn dann kein Entkommen mehr. Und wollt ihr Euch genau so belügen lassen wie die 200000 Mann, die Stalingrad auf verlorenem Posten verteidigten? Daß ihr massakriert, sterilisiert oder Eurer Kinder beraubt werdet? Roosevelt, der mächtigste Mann der Welt, sagt am 26. Januar 1943 in Casablanca: Unser Vernichtungskampf richtet sich nicht gegen die Völker, sondern gegen die politischen Systeme. Wir kämpfen bis zur bedingungslosen Kapitulation. Bedarf es da noch eines Nachdenkens, um die Entscheidung zu fällen?

Es handelt sich nunmehr um Millionen Menschenleben. Soll Deutschland das Schicksal von Tripolis erfahren?[143]

Heute ist ganz Deutschland eingekesselt wie es Stalingrad war. Sollen dem Sendboten des Hasses und des Vernichtungswillens alle Deutschen geopfert werden! Ihm der die Juden zu Tode marterte, die Hälfte der Polen ausrottete, Rußland vernichten wollte, ihm der Euch Freiheit, Frieden, Familienglück, Hoffnung und Frohsinn nahm und dafür Inflationsgeld gab. Das soll, das darf nicht sein! Hitler und sein Regime muß fallen, damit Deutschland weiter lebt. Entscheidet Euch, Stalingrad oder Untergang, oder Tripolis und die hoffnungsvolle Zukunft. Und wenn ihr Euch entschieden habt, dann handelt.

(BAP, ZC 13267, Bd. 4)

Reactions to the resistance of the White Rose

Letter from the Gestapo/Police Headquarters Munich to the Reich Central Security Department, dated 11th Feb. 1943.

The large–scale search carried out in the City of Munich on 4th Feb. 1943 by all available police and detective officers, also including the auxiliary police, railway police, etc., failed to trace the distributors of the leaflets described in detail in our telegram of 5th Feb. 1943 ...

The technical investigation department at CID Headquarters in Munich has established that the leaflets of the so–called "Resistance Movement" were written on only one typewriter. According to this report it is relatively certain that the stencils for these leaflets were prepared on the same typewriter as those for the leaflets of the so-called "White Rose" ... This supports the theory that the perpetrator or perpetrators are to be found in or around Munich ...

The slogans "Down with Hitler" and "Freedom" were again daubed on the walls of the University building during the night of the 8th–9th Feb. 1943. The same oil–paint, this time in green, was used in all the daubings, so the same person or persons were involved on both occasions. A chemical examination of the oil–paint used has been ordered. As the perpetrator(s) evidently chose the University building deliberately, it has been placed under suitable observation.

There is no evidence so far to suggest that there is an organisational link between the events described in points I, II and III above, that it is not simply a coincidence that they took place at about the same time.

Transcript of a letter dated 19th Feb. 1943 from Gauleiter Giesler to the Head of the NSDAP Party Headquarters, Martin Bormann.

I enclose a report about a treasonable operation that has been going on in southern Germany for some time now, producing leaflets and daubing slogans in the streets. The perpetrators are 4 male students and 1 female, perhaps also another female student. The men are members of the armed forces. Since their crimes have caused considerable alarm among the civilian population of southern Germany, it is essential to try them quickly. As female civilians are involved, this will only be possible if the case against the members of the armed forces can also be heard before the People's Court. I request you to obtain from the Führer instructions that the Reich Military Court is to hand over the case against the 4 students to the Senior Reich Attorney at the People's Court. I will myself arrange for the case to be expedited.

signed Giesler

Note.

At 5pm Giesler telephoned to say that General Field Marshal Keitel has discharged the soldiers concerned from the army and has agreed to their being tried before the People's Court. The Gauleiter requests that the case be heard here within the next few days and the sentence carried out forthwith.

Reaktionen auf den Widerstand der Weißen Rose

Schreiben der Geheimen Staatspolizei/Staatspolizeileitstelle München an das Reichssicherheitshauptamt vom 11. 2. 1943

Die im Stadtgebiet München am 4.2.1943 unter Beteiligung aller verfügbaren Stapo– und Kriminalbeamten und unter Einschaltung der Ordnungspolizei, Bahnpolizei usw. durchgeführte Großfahndung nach dem im hiesigen Fernschreiben vom 5.2.1943 näher bezeichneten Flugzettelverteiler ist ergebnislos verlaufen...

Die Kriminaltechnische Untersuchungsstelle bei der Kriminalpolizeileitstelle München hat festgestellt, daß die Flugblätter der sog. „Widerstandsbewegung" nur auf einer Maschine geschrieben wurden. Nach diesem Gutachten ist ferner mit ziemlicher Sicherheit anzunehmen, daß die Matrizen dieser Flugblätter auf der gleichen Maschine gefertigt wurden wie diejenigen der bekannten Flugblätter der sog. „Weißen Rose"... Mit dieser Feststellung wird die Ansicht gefestigt, daß der oder die Täter in München oder Umgebung zu suchen sein dürften...

Die Schmierereien „Nieder mit Hitler" und „Freiheit" sind neuerdings in der Nacht vom 8./9. 2. 1943 am Universitätsgebäude angebracht worden. Bei sämtlichen Schmierereien wurde die gleiche Ölfarbe, diesmal in Grün, verwendet, so daß bei beiden Schmierereien der oder die gleichen Täter am Werke waren. Die chemische Untersuchung der benützten Ölfarbe wurde veranlaßt. Da es der oder die Täter offenbar gerade auf das Universitätsgebäude abgesehen haben, wurde dieses unter entsprechende Überwachung gestellt.

Anhaltspunkte dafür, daß die unter I, II, und III geschilderten Vorgänge nicht nur zufällig zeitlich zusammenfallen, sondern organisatorisch in einem Zusammenhang stehen, bestehen zunächst nicht.

(BAP, ZC 13267, Bd. 1)

Abschrift eines Schreibens des Gauleiters Giesler an den Chef der NSDAP–Parteikanzlei, Martin Bormann vom 19. 2. 1943

Anbei übermittle ich den Bericht über ein hochverräterisches Unternehmen, das längere Zeit hindurch in Süddeutschland durch Flugzettelverteilung und Straßenverschmierung ausgeübt wurde. Täter sind 4 Studenten und eine Studentin, vielleicht auch noch eine weitere Studentin. Die Studenten sind Wehrmachtsangehörige. Da die Straftaten zu einer starken Beunruhigung der Zivilbevölkerung Süddeutschlands geführt haben, ist eine schnelle Aburteilung unerläßlich. Diese ist aber im Hinblick auf die Beteiligung weiblicher Zivilpersonen nur möglich, wenn auch das Verfahren gegen die Wehrmachtsangehörigen am Volksgerichtshof stattfindet. Ich bitte deshalb, eine Weisung des Führers herbeizuführen, dahingehend, daß das Reichskriegsgericht das Verfahren gegen die 4 Studenten sofort an den Oberreichsanwalt beim Volksgerichtshof abzugeben hat. Auf die beschleunigte Durchführung des Verfahrens durch den Volksgerichtshof werde ich selbst hinwirken.
gez. Giesler

Anmerkung.

Um 17 Uhr teilt Gauleiter Giesler fernmündlich mit, daß Generalfeldmarschall Keitel die beteiligten Soldaten aus der Wehrmacht entlassen hat und mit ihrer Aburteilung durch den Volksgerichtshof einverstanden ist. Der Gauleiter bittet, die Aburteilung in den nächsten Tagen hier und die Vollstreckung alsbald darauf vorzunehmen.

(BAP, ZC 13267, Bd. 1)

Communication dated 21st February 1943 from the Rector of the Ludwig–Maximilians University, Walther Wüst, to Hans Scholl informing him that he had been debarred from studying at any German University.

Ludwig-Maximilians University
Munich

Munich, 21st February 1943

In session of 21st February 1943 the Committee of Three (Dreierausschuss) of Munich University hereby issues the following decree concerning the trial for high treason against the student of medicine Hans Fritz *Scholl*, born in Ingersheim on 22nd September 1918:

Because of activities against the state, the student Hans Fritz *Scholl* is debarred in perpetuity from studying at any German university.

The Rector of the University
Wüst

Summons by the Munich District Student Leader Kurt Schmelzer to a demonstration by students of the Technical University Munich to mark the sentencing of the Scholls and Christoph Probst on 22nd February 1943.

Comrades at the Technical University!

Events have taken place at the University which are bringing us Munich students into public disrepute. On Thursday morning traitors scattered an insolent leaflet in the Atrium of the University. In it the authors defile the name of the Führer and the German people in the basest way, in the very hour of our national sacrifice at Stalingrad. Not only that, they dare speak in our name, in the name of the German students. Two of these criminals are already facing the People's Court. We want to give public expression to our loathing of these creatures.

Students, come to the demonstration in the University at 6pm, when sentence will be pronounced.

Long live the Führer, long live Greater Germany.
Schmelzer
Student Leader

Mitteilung des Rektors der Ludwig–Maximilians–Universität, Walther Wüst an Hans Scholl über seinen Ausschluß vom Studium an allen deutschen Hochschulen vom 21. 2. 1943

1. Ausfertigung.

Ludwig-Maximilians-Universität
München

München, den 21. Februar 1943.

In dem Hochschulstrafverfahren gegen den Studenten der Medizin Hans Fritz S c h o l l, geboren am 22. 9. 1918 in Ingersheim, erlässt hiemit der Dreierausschuss der Universität München in seiner Sitzung vom 21. Februar 1943 folgende Entscheidung:

Der Student Hans Fritz S c h o l l wird wegen staatsfeindlicher Betätigung mit dem dauernden Ausschluss vom Studium an allen deutschen Hochschulen bestraft.

Der Rektor der Universität:

Wüst

(BAP, ZC 13267, Bd. 1)

Aufruf des Münchener Kreisstudentenführers Kurt Schmelzer zu einer Kundgebung der Studenten an der TU–München anläßlich der Urteilsverkündung gegen die Geschwister Scholl und Christoph Probst am 22. 2. 1943

Kameraden, Kameradinnen der Technischen Hochschule!

An der Universität haben sich Vorfälle ereignet, die uns Münchener Studenten in der Öffentlichkeit in Verruf bringen. Hochverräter verstreuten am Donnerstag Morgen im Lichthof der Universität ein schamloses Pamphlet. Darin besudeln seine Urheber im Augenblick des nationalen Opfers in Stalingrad Führer und Volk auf die gemeinste Art. Nicht genug, sie wagen dabei in unserem Namen, im Namen des deutschen Studententums zu sprechen. Zwei dieser Verbrecher stehen bereits vor dem Volksgerichtshof. Vor aller Öffentlichkeit manifestieren wir unseren Abscheu vor diesen Kreaturen.

Studenten und Studentinnen ~~heraus~~ zur Demonstration in der Universität heute 18 Uhr zur Urteilsverkündung.

Es lebe der Führer, es lebe Großdeutschland.

Schmelzer
Studentenführer.

(IfZ, Fa 215, Bd.1)

Although the Ministry of Justice was worried because "the sentences passed in Munich and their immediate execution received little sympathy from the population of Munich"[144], the actions of the White Rose did not only elicit approval. The Gauleiter's Office managed to obtain this letter by a laboratory technician in Munich; the following passage represents one of the few first-hand indications of the effect of the White Rose on the Munich public. In it leaflets, daubings, student brawls and the first two trials all merge in the author's memory.

The ungrateful German people don't deserve to have such a Führer ... You have probably heard about what happened at the University recently, perhaps about 6 weeks ago. First of all, the whole of Ludwigsstraße was covered in red paint with insults against the Führer, daubed on the asphalt in red paint. Well, we thought, it was probably Communists. Shortly afterwards all the lecturehalls, or rather all the desks and benches, were covered with leaflets, diatribes against the Führer. You may well have read that they caught and executed the 3 perpetrators, the 23-year-old Munich student Hans Scholl, his 21-year-old sister, and the Munich student Schmorell. Some time earlier, at the anniversary celebrations of the University, when Sven Hedin was also present, there had been a great row during the speech by Gauleiter Giesler. Giesler had given the female students in particular a piece of his mind, whereupon these 17-year-old brats walked out of the Great Hall protesting, and suddenly all their male colleagues were on their side, too. It came to a brawl in the University, or rather in the Great Hall, between them and the few who supported Giesler; in the end the Gestapo had to intervene.
(Copy of the letter enclosed by Cerff to Giesler, 8th May 1943. StAM,NSDAP 11)

People who were critical of the regime could take heart from the deeds of the White Rose; their example showed that there were others who took the step from standing aloof to positive action. While several autobiographies published after the war only mention the exemplary side of the Munich students, in the diary entries of the Berlin journalist Ursula von Kardoff spontaneous enthusiasm alternates with fear of reprisals by the regime.

Today heard of Sergeant S. and sister. Wonderful people. Felt hot waves of real enthusiasm. Vow: if Klaus and Eberhard have to die too, then I will become active. It'll work out somehow; what is one's own life anyway? But perhaps these are just silly heroic words. Basically we are terrible cowards. (Entry of 6th May 1943)

During evening duty today Fiedler gave me a leaflet by students from Munich who have been arrested and executed. Am deeply impressed. At last the sort of language that gives the word "Fatherland" a new sound again. On the second page I could read how these young people, a brother and sister called Scholl, died. With calm superiority over the raging Freisler. Very hurriedly made eight carbon copies of the two leaflets. Gave one copy to a journalist I know; he wants to have it duplicated and send it to the front. Would like to do more in such things, though at the thought of a concentration camp all my courage shrivels into a tiny cowardly heap. (Entry of 11th May 1943)
(Ursula von Kardorff, Berliner Aufzeichnungen 1942–5. Newly edited by Peter Hartl, Munich 1992, p. 82)

Auch wenn sich das Justizministerium besorgt darüber zeigte, „daß das Münchener Urteil und seine sofortige Vollstreckung bei der Münchener Bevölkerung eine wenig verständnisvolle Aufnahme gefunden habe“[144], hat die Handlungsweise der Weißen Rose nicht nur Beifall gefunden. Diese Stelle aus einem der Gauleitung bekanntgewordenen Brief einer Münchener Laborangestellten stellt eines der wenigen direkten Zeugnisse über die Wirkung der Weißen Rose auf die Münchener Öffentlichkeit dar. In ihm verschmelzen Flugblätter, Wandmalaktionen, Studentenkrawalle und die ersten beiden Prozesse zu einer Erinnerungsschicht.

Das undankbare deutsche Volk ist es gar nicht wert, solch einen Führer zu haben ... Was neulich in der Universität vorgekommen ist, vor vielleicht 6 Wochen, davon haben Sie wohl gehört. Erst war mit roter Farbe die ganze Ludwigstraße mit Hetzereien gegen den Führer mit roter Farbe auf den Asphalt der Bürgersteige gemalt. Na, dachten wir, es werden wohl Kommunisten gewesen sein. Kurz darauf waren alle Hörsäle, bzw. die Bänke mit Flugblättern, Hetzschriften gegen den Führer ... bedeckt. Man hat drei der Täter gefaßt und hingerichtet, Sie werden es wahrscheinlich gelesen haben, den 23jähr. Münchner Studenten Hans Scholl, seine 21jährige Schwester, auch Studentin, und den Münchner Studenten Schmorell. Eine Zeit vorher, bei der Jubiläumsfeier der Universität, wobei auch Sven Hedin anwesend war, hatte es doch bei der Rede des Gauleiters Giesler solchen Krach gegeben. Giesler hatte besonders den Studentinnen ein wenig Bescheid gesagt, worauf diese 17jährigen Rotznasen unter Protesten die Aula verließen und plötzlich fast alle ihre männlichen Kollegen auf ihrer Seite hatten. Mit den wenigen, die zu Gießlers Meinung hielten, kam es noch in der Universität oder vielmehr in der Aula zu einer Prügelei, so daß die Gestapo eingreifen mußte.
(Abschrift des Briefes als Anlage in Cerff an Giesler, 8. 5. 1943, StAM, NSDAP 11)

Menschen, die dem Regime distanziert gegenüberstanden, konnten Kraft gewinnen aus den Taten der Weißen Rose, zeigte deren Vorbild doch, daß es andere gab, die den Schritt von der Distanzierung ins aktive Handeln vollzogen. Während einige nach dem Krieg herausgegebene Autobiographien aus dieser Zeit nur das Vorbildhafte der Münchener Studenten erwähnen, mischen sich in den Tagebuchnotizen der Berliner Journalistin Ursula von Kardorff, spontane Begeisterung und Furcht vor den Repressalien des Regimes.

Heute von Feldwebel S. und Schwester gehört. Wunderbare Menschen. Heiße Wellen einer echten Begeisterung empfunden. Gelübde: Wenn Klaus und Eberhard auch noch sterben müssen, dann will ich mitarbeiten. Irgendwie wird das schon gehen: was ist denn schon das eig'ne Leben. Aber vielleicht sind dies auch nur dumme heroische Phrasen. Im Grunde ist man ja doch entsetzlich feige. (Eintrag vom 6. Mai 1943)

Beim Abenddienst gab mir heute Fiedler ein Flugblatt aus München von Studenten, die verhaftet und hingerichtet worden sind. Bin tief beeindruckt. Endlich wieder die Sprache, die das Wort „Vaterland“ mit einem neuen Klang erfüllt. Auf einem zweiten Blatt stand zu lesen, wie diese jungen Menschen, ein Geschwisterpaar Scholl, gestorben sind. Mit überlegener Haltung dem geifernden Freisler gegenüber. Schrieb beide Blätter in großer Eile mit acht Durchschlägen ab. Gab einen Durchschlag einem befreundeten Redakteur, der ihn vervielfältigen lassen will, um ihn an die Front zu schicken. Möchte mich mehr an solchen Dinge beteiligen, obwohl bei der Vorstellung KZ mein ganzer Mut in ein Häufchen Feigheit zusammensinkt. (Eintrag vom 11. 5. 1943)
(Ursula von Kardorff, Berliner Aufzeichnungen 1942–1945. Neu hg. v. Peter Hartl, München 1992, S. 82)

A leaflet dropped by the Royal Air Force in July 1943

A German leaflet

This is the text of a German leaflet, a copy of which has reached England. Students from Munich University wrote it in February this year and distributed it at the University. Six of them have been executed for this, others have been imprisoned, others sent to the front as a punishment. Since then the students have been "screened" at all other German universities, too. So the leaflet evidently represents the opinions of a considerable proportion of the German students.

But it is not only students. There are Germans from all social classes who have realised Germany's true situation; Goebbels contemptuously calls them "the objective people". If Germany is still to do something itself to avoid its fate, these people must find each other and act. Goebbels knows this, and that is why he desperately claims that "this type of people are of no importance numerically". He does not want them to know how many of them there are.

We are going to win the war anyway. But we do not see why the sensible and decent people in Germany should not have their say. That is why, together with their bombs, the airmen of the RAF are now dropping over Germany millions of copies of this leaflet, for which six young Germans have died and which the Gestapo of course immediately confiscated.

Manifesto of the Munich Students

Deeply shaken, our people behold the loss of the men of Stalingrad. Three hundred and thirty thousand German men have been senselessly and irresponsibly driven to death and destruction by the inspired strategy of the corporal from the World War. Führer, we thank you!

The German people are in ferment. Shall we continue to entrust the fate of our armies to a dilettante? Do we want to sacrifice the rest of German youth to the base ambitions of a Party clique? No, never! The day of reckoning has come – the reckoning of our German youth with the most abominable tyranny our people has ever endured. In the name of the entire German people we demand from Adolf Hitler's state our personal freedom, the most precious treasure of the Germans, which he has swindled us out of in the most contemptible way.

We have grown up in a state in which all free expression of opinion is brutally suppressed. The Hitler Youth, the SA and the SS have tried to regiment us, revolutionise us, and drug us in the most promising years of our education. "Ideological training" was the name given to the despicable

Durch die Royal Air Force im Juli 1943 abgeworfenes Flugblatt

EIN DEUTSCHES FLUGBLATT

DIES ist der Text eines deutschen Flugblatts, von dem ein Exemplar nach England gelangt ist. Studenten der Universität München haben es im Februar dieses Jahres verfasst und in der Universität verteilt. Sechs von ihnen sind dafür hingerichtet worden, andere wurden eingesperrt, andere strafweise an die Front geschickt. Seither werden auch an allen anderen deutschen Universitäten die Studenten „ausgesiebt". Das Flugblatt drückt also offenbar die Gesinnungen eines beträchtlichen Teils der deutschen Studenten aus.

Aber es sind nicht nur die Studenten. In allen Schichten gibt es Deutsche, die Deutschlands wirkliche Lage erkannt haben ; Goebbels schimpft sie „die Objektiven". Ob Deutschland noch selber sein Schicksal wenden kann, hängt davon ab, dass diese Menschen sich zusammenfinden und handeln. Das weiss Goebbels, und deswegen beteuert er krampfhaft, „dass diese Sorte Mensch zahlenmässig nicht ins Gewicht fällt". Sie sollen nicht wissen, wie viele sie sind.

Wir werden den Krieg sowieso gewinnen. Aber wir sehen nicht ein, warum die Vernünftigen und Anständigen in Deutschland nicht zu Worte kommen sollen. Deswegen werfen die Flieger der RAF zugleich mit ihren Bomben jetzt dieses Flugblatt, für das sechs junge Deutsche gestorben sind, und das die Gestapo natürlich sofort konfisziert hat, in Millionen von Exemplaren über Deutschland ab.

Manifest der Münchner Studenten

Erschüttert steht unser Volk vor dem Untergang der Männer von Stalingrad. 330.000 deutsche Männer hat die geniale Strategie des Weltkriegsgefreiten sinn- und verantwortungslos in Tod und Verderben gehetzt. Führer, wir danken Dir !

Es gärt im deutschen Volk. Wollen wir weiter einem Dilettanten das Schicksal unserer Armeen anvertrauen ? Wollen wir den niedrigsten Machtinstinkten einer Parteiclique den Rest der deutschen Jugend opfern ? Nimmermehr!

Der Tag der Abrechnung ist gekommen, der Abrechnung unserer deutschen Jugend mit der verabscheuungswürdigsten Tyrannei, die unser Volk je erduldet hat. Im Namen des ganzen deutschen Volkes fordern wir von dem Staat Adolf Hitlers die persönliche Freiheit, das kostbarste Gut der Deutschen zurück, um das er uns in der erbärmlichsten Weise betrogen hat.

In einem Staat rücksichtsloser Knebelung jeder freien Meinungsäußerung sind wir aufgewachsen.

G.39

method of stifling our budding ability to think and judge for ourselves in a fog of empty phrases. A Führer elite, at once unimaginably devilish and narrow–minded, trains its future party bigwigs in the "Castles of the Knightly Order" to become godless, insolent and unscrupulous exploiters and executioners – blind and stupid followers of the Führer. We "workers of the brain" are the people to put obstacles in the path of this caste of overlords.

Soldiers from the front are disciplined like schoolboys by student leaders and people aiming to become Gauleiters, and the lewd jokes of Gauleiters insult the honour of the female students. German women students at Munich University have given a dignified reply to the besmirching of their honour, and male German students have defended their female colleagues and have stood firm. This is a start to the struggle for our free self–determination, without which intellectual and spiritual values cannot be created. We thank our brave comrades, who have set us a shining example.

For us there is only one slogan: fight against the Party! Get out of the party organisations, which are being used to silence us politically! Get out of the lecture halls of the SS corporals and sergeants and the party bootlickers! We want genuine learning and real freedom of opinion. No threat can frighten us, not even the closing of the universities. This is the struggle of each and every one of us for our future, our freedom and our honour under a regime conscious of its moral responsibility.

Freedom and honour! For ten years Hitler and his accomplices have squeezed, debased and twisted these two splendid German words to the point of nausea, as only dilettantes can, casting the most precious values of a nation before swine. In the ten years of destruction of all material and intellectual freedom, of all moral substance among the German people, they have sufficiently demonstrated what they understand by freedom and honour. The eyes of even the stupidest German have been opened by the frightful bloodbath which they have caused throughout Europe in the name of the freedom and honour of the German nation and which they continue to cause every day. The name of Germany will be dishonoured forever if German youth does not finally rise up, taking revenge and atoning at the same time, to smash its tormentors and set up a new Europe of the spirit.

Students! The German people look to us. As in 1813 they expected us to shake off the yoke of Napoleon, so in 1943 they look to us to break the National Socialist terror by the power of the spirit. Beresina and Stalingrad are blazing up in the East; the dead of Stalingrad implore us: "Up, up, my people; the beacon fires are burning!"

Our people stand ready to rebel against the subjugation of Europe by the National Socialists in a fervent new breakthrough of freedom and honour!

Manifest der Münchner Studenten

Fortsetzung

HJ, SA und SS haben uns in den fruchtbarsten Bildungsjahren unseres Lebens zu uniformieren, zu revolutionieren, zu narkotisieren versucht. Weltanschauliche Schulung hieß die verächtliche Methode, das aufkeimende Selbstdenken und Selbstwerten in einem Nebel leerer Phrasen zu ersticken. Eine Führerauslese, wie sie teuflischer und zugleich bornierter nicht gedacht werden kann, zieht ihre künftigen Parteibonzen auf Ordensburgen zu gottlosen, schamlosen und gewissenlosen Ausbeutern und Mordbuben heran, zur blinden, stupiden Führergefolgschaft. Wir „Arbeiter des Geistes" wären gerade recht, dieser neuen Herrenschicht den Knüppel zu machen.

Frontkämpfer werden von Studentenführern und Gauleiteraspiranten wie Schulbuben gemaßregelt, Gauleiter greifen mit geilen Späßen den Studentinnen an ihre Ehre. Deutsche Studentinnen haben an der Münchner Hochschule auf die Besudelung ihrer Ehre eine würdige Antwort gegeben, deutsche Studenten haben sich für ihre Kameradinnen eingesetzt und standgehalten. Das ist ein Anfang zur Erkämpfung unserer freien Selbstbestimmung, ohne die geistige Werte nicht geschaffen werden können. Unser Dank gilt den tapferen Kameradinnen und Kameraden, die mit leuchtendem Beispiel vorangegangen sind.

Es gibt für uns nur eine Parole: **Kampf gegen die Partei! Heraus aus den Parteigliederungen,** in denen man uns politisch weiter mundtot machen will! Heraus aus den Hörsälen der SS-Unter- und Oberführer und Parteikriecher! Es geht uns um wahre Wissenschaft und echte Geistesfreiheit! Kein Drohmittel kann uns schrecken, auch nicht die Schließung unserer Hochschulen. Es gilt den Kampf jedes einzelnen von uns um unsere Zukunft, unsere Freiheit und Ehre in einem seiner sittlichen Verantwortung bewußten Staatswesen.

Freiheit und Ehre! Zehn Jahre lang haben Hitler und seine Genossen die beiden herrlichen deutschen Worte bis zum Ekel ausgequetscht, abgedroschen, verdreht, wie es nur Dilettanten vermögen, die die höchsten Werte einer Nation vor die Säue werfen. Was ihnen Freiheit und Ehre gilt, das haben sie in zehn Jahren der Zerstörung aller materiellen und geistigen Freiheit, aller sittlichen Substanz im deutschen Volk genugsam gezeigt. Auch dem dümmsten Deutschen hat das furchtbare Blutbad die Augen geöffnet, das sie im Namen von Freiheit und Ehre der deutschen Nation in ganz Europa angerichtet haben und täglich neu anrichten. Der deutsche Name bleibt für immer geschändet, wenn nicht die deutsche Jugend endlich aufsteht, rächt und sühnt zugleich, seine Peiniger zerschmettert und ein neues geistiges Europa aufrichtet.

Studentinnen! Studenten! Auf uns sieht das deutsche Volk. Von uns erwartet es, so wie in 1813 die Brechung des napoleonischen, so 1943 des nationalsozialistischen Terrors aus der Macht des Geistes. Beresina und Stalingrad flammen im Osten auf, die Toten von Stalingrad beschwören uns: Frisch auf, mein Volk, die Flammenzeichen rauchen!

Unser Volk steht im Aufbruch gegen die Verknechtung Europas durch den Nationalsozialismus, im neuen gläubigen Durchbruch von Freiheit und Ehre!

(Klaus Kirchner, Flugblattpropaganda im 2. Weltkrieg; Band 5)

Quellen und Literaturhinweise
Sources and Literature

Dem Wunsch der Herausgeber folgend, haben wir uns bemüht, den Anmerkungsapparat so knapp wie möglich zu halten. Dies ist zweifellos ungerecht gegenüber den Autoren, ohne die dieser Text nicht hätte entstehen können. Aus der Fülle der vorhandenen Literatur haben wir die wichtigsten Publikationen in unsere Auswahlbibliographie aufgenommen. Statt vieler Belege wird interessierten Lesern bei Bedarf in der letzten Fußnote eines Abschnitts weiterführende Literatur zu Einzelaspekten genannt. Sie erscheint ebenso wie nur einmal zitierte Titel nicht zusätzlich im Literaturverzeichnis. An dieser Stelle sei auf die Bibliographie von Ernst Fleischhack und das Literaturverzeichnis in Willi Grafs Briefen und Aufzeichnungen hingewiesen. Beide führen auch ältere – zumeist vergriffene oder nur schwer zugängliche – Titel auf. Neugierigen Lesern möchten wir durch den Beleg der direkten Zitate und – in einigen Fällen – den Fundorten bisher nicht publizierter Dokumente zur Geschichte der Weißen Rose die Möglichkeit geben, unsere Darstellung an den Quellen selbst zu prüfen.

It was the publisher's wish that we keep the notes and list of sources as brief as possible. This certainly does not do justice to all the authors without whom this work could not have been written. From the abundance of existing literature we have included the most important publications in our select bibliography. Instead of many single sources, the interested reader will find suggestions for further reading on individual aspects contained in the last note of each chapter, when appropriate. Such works, like titles only quoted from once, do not appear again in the bibliography. We would here like to draw the reader's attention to Ernst Fleischhack's bibliography and to the bibliography in "Willi Graf: Letters and Diaries". Both of them include older works, most of them out of print or difficult to find. By identifying the direct quotations or – in some cases – the sources of previously unpublished documents concerning the history of the White Rose, we want to enable interested readers to check our work against the sources.

Archivalien:

Berlin Document Center (BDC):
Personalakten Kurt Huber

Bundesarchiv Potsdam / Abt. Zwischenarchiv Dahlwitz–Hoppegarten (BAP):
ZC 13267, Bd. 1–5 (Prozeß gegen Hans Scholl, Sophie Scholl und Christoph Probst vor dem Volksgerichtshof wegen Hochverrat, Wehrkraftzersetzung u. a.)

NJ 1704, Bd. 7–9 (Prozeß gegen Alexander Schmorell, Willi Graf, Prof. Kurt Huber u.a. vor dem Volksgerichtshof wegen Hochverrat, landesverräterischer Feindbegünstigung, Wehrkraftzersetzung u. a.)

Dokumentationszentrum des deutschen Widerstands, Frankfurt (DW):
AN (RSHA–Meldungen über das Auftreten von Flugblättern)

Institut für Zeitgeschichte, München (IfZ):
Fa 215, Bd. 1–5 (Sammlung Weiße Rose)
ZS/A 26 (Sammlung Ricarda Huch)
Ma 593 (Gerichtsakten zum Prozeß gegen Alexander Schmorell u.a. aus dem Reichsjustizministerium)

Nordrhein–Westfälisches Hauptstaatsarchiv Düsseldorf/ Zweigstelle Kalkum (NWHStAD): Gerichte, Rep. 17/ Bd. 292–295 (Prozeß gegen Klaus Zwiauer ... Hans Scholl u.a. vor dem Sondergericht Stuttgart (wegen illegaler bündischer Betätigung u. a.)

Staatsarchiv München (StAM):
Staatsanwaltschaften 12530 (Prozeß gegen Manfred Eickemeyer, Wilhelm Geyer und Josef Söhngen vor dem Sondergericht beim Landgericht München I wegen Nichtanzeige eines Hochverrats)

NSDAP
Polizeidirektion München 10245 (Akte Jakob Schmid)

Stadtarchiv München (StadtAM):
Nachlaß Prof. Kurt Huber

Universitätsarchiv München (UAM):
Personalakten Prof. Kurt Huber
Senatsakten
Studentenstrafakten

Universitätsbibliothek München (UBM):
Sammlung Schott

Dr. Michael Probst, Herrsching:
Nachlaß Christoph Probst

Literaturhinweise:

Bracher, Karl Dietrich: Wissenschaft und Widerstand. Das Beispiel der „Weißen Rose“, in: Aus Politik und Zeitgeschichte B 29 v. 17.7.1963, S. 3–16.

Bretschneider, Heike: Der Widerstand gegen den Nationalsozialismus in München 1933–1945. München 1968.

Breyvogel, Wilfried: Die Gruppe „Weiße Rose“. Anmerkungen zur Rezeptionsgeschichte und kritischer Rekonstruktion, in: ders. (Hg.): Piraten, Swings und Junge Garde: Jugendwiderstand im Nationalsozialismus. Bonn 1991. S. 9–16.

Bruckbauer, Maria: „...und sei es gegen eine Welt von Feinden“. Kurt Hubers Volksliedsammlung- und pflege in Bayern. München 1991.

Drobisch, Klaus: Wir schweigen nicht! Die Geschichte der Geschwister Scholl und ihrer Freunde. Eine Dokumentation über den antifaschistischen Kampf Münchner Studenten 1942/43. Berlin [4]1983.

Fleischhack, Ernst: Die Widerstandsbewegung „Weiße Rose“. Literaturbericht und Bibliographie, in: Jahresbibliographie der Bibliothek für Zeitgeschichte 42 (1970), S. 459–507.

Gerhards, Jürgen: Bedingungen und Chancen der Widerstandsgruppe „Weiße Rose“, in: Friedhelm Neidhardt (Hg.) Gruppensoziologie — Perspektiven und Materialien. KZfSS Sonderheft 25. Opladen 1983, S. 343–357.

Graf, Willi: Briefe und Aufzeichnungen. Hg. von Anneliese Knoop-Graf u. Inge Jens. Frankfurt a.M. 1988.

Guardini, Romano: Die Waage des Daseins. Rede zum Gedächtnis von Sophie und Hans Scholl, Christoph Probst, Alexander Schmorell, Willi Graf und Prof. Dr. Kurt Huber, gehalten am 4. November 1945. Tübingen / Stuttgart 1946.

Hanser, Richard: Deutschland zuliebe. Leben und Sterben der Geschwister Scholl. Die Geschichte der Weißen Rose. München 1980.

Hochmuth, Ursel / Meyer, Gertrud: Streiflichter aus dem Hamburger Widerstand 1933–1945. Frankfurt 1969.

Huber, Clara (Hg.): „...der Tod war nicht vergebens“. Kurt Huber zum Gedächtnis. München 1986.

Jahnke, Karl–Heinz: Antifaschistischer Widerstand der Münchener Universität. Die Studentengruppe Scholl/Schmorell, in: Zeitschrift für Geschichtswissenschaft 16 (1968), S. 874–883.

Jahnke, Karl–Heinz: Weiße Rose contra Hakenkreuz. Der Widerstand der Geschwister Scholl und ihrer Freunde. Frankfurt a.M. 1969.

Jens, Inge: Die „Weiße Rose“. Biographische und kulturelle Traditionen, in: Wilfried Breyvogel (Hg.): Piraten, Swings und Junge Garde: Jugendwiderstand im Nationalsozialismus. Bonn 1991, S. 202–221.

Jens, Inge: Über die „Weiße Rose“, in: Neue Rundschau 95 (1984), S. 193–213.

Knoop-Graf, Anneliese: „Jeder Einzelne trägt die ganze Verantwortung“. Widerstand am Beispiel Willi Graf, in: Wilfried Breyvogel (Hg.): Piraten, Swings und Junge Garde: Jugendwiderstand im Nationalsozialismus. Bonn 1991, S. 222–240.

Petry, Christian: Studenten aufs Schafott. Die Weiße Rose und ihr Scheitern. München 1968.

Probst, Michael: Zuversicht und Klarheit. Der Widerstand der „Weißen Rose“, in: Dem Leben trauen, weil Gott es mit uns lebt. 88. Deutscher Katholikentag, 4.–8.7.1984 in München. Paderborn 1984, S. 347–358.

Scholl, Hans und Sophie: Briefe und Aufzeichnungen. Hg. von Inge Jens. Frankfurt a.M. 1989.

Scholl, Inge: Die Weiße Rose. (Erw. Neuausgabe) Frankfurt a. M. ^{6}1982.

Schultze-Jahn, Marie-Luise: Hans Leipelt – Ein Kapitel Münchener Hochschule im Nationalsozialismus, in: Hinrich Siefken (Hg.): Die Weiße Rose. Student Resistance to National Socialism 1942/1943. Forschungsergebnisse und Erfahrungsberichte. Nottingham 1991, S. 67–76.

Steffahn, Harald: Die Weiße Rose. Reinbek 1992.

Stolleis, Michael: Die Weiße Rose und ihre Richter, in: Rechtshistorisches Journal 2 (1982), S. 211–223.

Verhoeven, Michael / Krebs, Mario: Die Weiße Rose. Der Widerstand Münchener Studenten gegen Hitler. Informationen zum Film. Frankfurt a.M. 1982.

Vielhaber, Klaus (in Zusammenarbeit mit Hubert Hanisch und Anneliese Knoop–Graf): Gewalt und Gewissen. Willi Graf und die Weiße Rose. Eine Dokumentation. Freiburg / Basel / Wien 1964.

Vinke, Hermann: Das kurze Leben der Sophie Scholl. Mit einem Interview von Ilse Aichinger. Ravensburg 1980.

Die Weiße Rose. Der Widerstand von Studenten gegen Hitler. München 1942/43. (Ausstellung, zusammengestellt v. d. Weiße Rose–Stiftung München, verantw.: Franz Josef Müller) München 1991.

Anmerkungen – Notes

Only notes which contain additional information apart from sources and suggestions for futher reading have been translated. Such notes are marked in the text by an asterisk (*) (Translator's note).

1 Theodor Haecker, Tag– und Nachtbücher, 1939–1945. Hg. u. kommentiert v. Hinrich Siefken. Innsbruck 1989. Notat 164, S. 48.

2 Oberstaatsanwalt München I an den Reichsminister der Justiz v. 5.2.1943, IfZ Ma 593, Bl. 2.

3 Statt vieler Einzelbelege zur Geschichte des Dritten Reiches: Martin Broszat: Der Staat Hitlers. Grundlegung und Entwicklung seiner inneren Verfassung. München [11]1986; Norbert Frei: Der Führerstaat. Nationalsozialistische Herrschaft 1933–1945. München 1987; Detlev Peukert: Volksgenossen und Gemeinschaftsfremde. Anpassung, Ausmerze und Aufbegehren unter dem Nationalsozialismus. Köln 1982.

4 Die Darstellung stützt sich auf Akten des Verfahrens gegen Klaus Zwiauer u.a. beim Sondergericht Stuttgart, (NWHStAD, Ger. Rep. 17, Bde. 292–295), v.a. auf die Aussagen Hans Scholls und seiner Gruppenmitglieder gegenüber der Gestapo Stuttgart im Bd. 292 sowie die ausführliche Urteilsbegründung im Bd. 294. Neben Hans Scholl wurden auch sein Bruder Werner und der mit den Geschwistern Scholl befreundete Schriftsteller Ernst Reden angeklagt.

5 Zur Hitlerjugend siehe Arno Klönne: Jugend im Dritten Reich. Die Hitlerjugend und ihre Gegner. München 1990. Zum Jugendwiderstand: Wilfried Breyvogel (Hg.): Piraten, Swings und Junge Garde: Jugendwiderstand im Nationalsozialismus. Bonn 1991; Heinrich Muth: Jugendopposition im Dritten Reich, in: Vierteljahreshefte für Zeitgeschichte 30 (1982), S. 369–417; Detlev Peukert: Protest und Widerstand von Jugendlichen im Dritten Reich, in: Richard Löwenthal / Patrik von zur Mühlen (Hg.): Widerstand und Verweigerung in Deutschland 1933–1945. Bonn 1982, S. 177–201. Zur dj.1.11 und zum Grauen Orden vgl.: Matthias von Hellfeld: Bündische Jugend und Hitlerjugend. Zur Geschichte von Anpassung und Widerstand 1930–1939. Köln 1987.

6 Angelika Probst, Alexander Schmorell (MS, 24.9.1946), IfZ ZS/A 26, Bd. 4, Bl. 96.

7 An A. Probst, August 1941, zit. nach Petry, Studenten, S. 18f.

8 E. Schmorell, Lebensbericht Alexander Schmorell, zit. nach Verhoeven/ Krebs, Weiße Rose, S. 132.

9 Tagebucheintrag vom 10.4.1941, Scholl, Briefe und Aufzeichnungen, S. 211.

10 Bericht Herta Blauel (MS, ca. 1946), IfZ ZS/A 26, Bd. 4, Bl. 3.

11 Tagebucheintrag v. 20.9.1939, Scholl, Briefe und Aufzeichnungen, S. 33f.

12 An A. Knoop, 1.2.1942, Graf, Briefe und Aufzeichnungen, S. 147f.

13 An M. Gölden, 20.6.1942, zit. nach Hildegard Vieregg / Jos Schätzler u.a. (Hg.): Willi Grafs Jugend im Nationalsozialismus im Spiegel von Briefen. München 1984, S. 167.

14 Völkischer Beobachter, Münchener Ausgabe, Nr. 131 v. 11.5.1933.

15 Prof. Kurt Huber, Verteidigungsrede, zit. nach Petry, Studenten S. 191. Zur Stimmung in der bayrischen Bevölkerung siehe Ian Kershaw: Resistance without people? Bavarian attitudes to the Nazi Regime at the time of the Weiße Rose, in: Hinrich Siefken (Hg.): Die Weiße Rose. Student Resistance to National Socialism 1942/1943. Forschungsergebnisse und Erfahrungsberichte. Nottingham 1991, S. 51–67.

16 Jürgen Wittenstein, Die Münchener Studentenbewegung (MS, ca. 1947), IfZ, Fa 215, Bd. 3, Bl. 209f.

17 Zur Studiensituation in dieser Zeit finden sich weitere Informationen in: Die Deutsche Universität im Dritten Reich, München 1966; Hartmut Titze: Hochschulen, in: Dieter Langewiesche / Heinz–Elmar Tenorth (Hg.): Handbuch der deutschen Bildungsgeschichte, Bd V.: Die Weimarer Republik und die nationalsozialistische Diktatur. München 1989, S. 209–238.

18 A. Probst, Alexander Schmorell, IfZ ZS/A 26, Bd. 4, Bl. 95.

19 Mündl. Mitteilung von M.–L. Schultze–Jahn an die Verfasser.

20 An R. Nägele, 28.10.1941, Scholl, Briefe und Aufzeichnungen, S. 85. Zu Carl Muth siehe: Franz J. Rappmannsberger: Carl Muth, seine Zeitschrift „Hochland" als Vorkämpfer für die innere Erneuerung Deutschlands. Diss. (MS) München 1952. Ein biographischer Abriß Haeckers findet sich in: Hinrich Siefken: Theodor Haecker. (= Marbacher Magazin 49/1989). Marbach 1989 . Zu seiner Bedeutung für die Weiße Rose siehe auch Hinrich Siefken: Die Weiße Rose und Theodor Haecker, in: ders, Weiße Rose, S. 117–146.

21 S. Hirzel an I. Aicher-Scholl, 27.8.1979, zit. nach Vinke, Sophie Scholl, S. 82.
22 An F. Hartnagel, 28.6.1940, Scholl, Briefe und Aufzeichnungen, S. 185.
23 An F. Hartnagel, 5.9.1939, Scholl, Briefe und Aufzeichnungen, S. 162.
24 F. Hartnagel, zit. nach Vinke, Sophie Scholl, S. 78.
25 An H. Scholl, 18.10.1942, IfZ Fa 215, Bd. 3, Bl. 93.
26 Tagebucheintrag v. 11.4.1941, Scholl, Briefe und Aufzeichnungen, S. 215.
27 Hierzu siehe die erhaltene Korrespondenz im Nachlaß Christoph Probsts. Der Einfluß Hans Scholls in dieser Hinsicht läßt sich durch die Aussagen von Freunden und Angehörigen Christoph Probsts gut belegen. So erklärte der Schwiegervater Christoph Probsts, Harald Dohrn bei seiner Vernehmung durch die Gestapo München am 2.4.1943: „Als ich zur Weihnachtszeit 1942/43 die Familie Probst letztmals in Leermoos besuchte, hat mir Christoph Probst von einem Studienkollegen namens Scholl erzählt und mir gesagt, daß er von diesem Scholl in religiöser Hinsicht beeinflußt werde.“, StAM, Staatsanwaltschaften 12530, Bl. 43r. Diese Aussage wird auch durch die Erklärung von Dohrns Ehefrau gestützt: „Es wird im Februar 1943 gewesen sein, als mir mein Mann von einem Hans Scholl etwas erzählte. Dies geschah im Zusammenhang mit Christoph Probst, der sich in auffälliger Art und Weise in letzter Zeit viel mit religiöser Literatur befaßte. So wurde uns bekannt, daß Probst das Buch 'Die kleine Theresia' las und diesen Einfluß auf die Bekanntschaft und die religiöse Einstellung des Hans Scholl zurückführte.“ Vernehmung Herta Dohrn durch die Gestapo München, 3.4.1943, StAM, Staatsanwaltschaften 12530, Bl. 47.
27* In this connection see the correspondence preserved in Christoph Probst's estate. Hans Scholl's influence in this respect is well documented by statements made by friends and relations of Christoph Probst. His father-in-law Harald Dohrn, for example, declared during his interrogation by the Gestapo Munich on 2nd April 1943: "When I last saw the Probst family in Leermoos at Christmastime 1942, Christoph Probst told me of a fellow-student of his called Scholl and said that he was being influenced by him with regard to religion." ...This declaration is supported by a statement made by Dohrn's wife: "It must have been February 1943 when my husband told me about a Hans Scholl. It occurred in connection with Christoph Probst, who had recently been concerning himself conspicuously with religious literature. In this way we learnt that Probst was reading the work 'Die kleine Theresia' and attributed this influence to his friendship with Hans Scholl and the latter's religious attitudes."
28 An C. Muth, 22.12.1941, Scholl, Briefe und Aufzeichnungen, S. 94.
29 H. Maier, Ein Lehrer vertieften Denkens, in: C. Huber, Tod, S. 89.
30 Inskriptionslisten zu Prof. Hubers Lehrveranstaltungen im WS 1941/42, SS 1942, StadtA München, Nachlaß Huber.
31 Huber an Fehn, 4.4.1934 Nachlaß Huber im Institut für Volkskunde der Kommission für bayrische Landesgeschichte bei der Bayrischen Akademie der Wissenschaften, zit. nach Bruckbauer, Gegen eine Welt von Feinden, S. 145. Für sein eher instrumentelles denn engagiertes Verhältnis zum Nationalsozialismus spricht auch Hubers Mitgliedschaft in NSDAP–Gliederungen: Er war seit 1.8.1934 Mitglied der NSV, seit 8.3.1934 im Reichsluftschutzbund. Beide Organisationen stellten eine Minimalvariante nationalsozialistischen Engagements dar. Vgl. dazu: Anzeige ZKurt HubersU über Zugehörigkeit und Tätigkeit in der NSDAP, ihren Gliederungen, angeschlossenen Verbänden... v. 1.4.1941, UAM, E–II–N Personalakte Huber, Stammakt, Bl. 1.
31* ...That Huber's relationship to National Socialism was opportunistic rather than committed is supported by his membership in organisations run by the NSDAP. From 1st August 1934 onwards he was a member of the NSV (a National Socialist welfare organisation), from 8th March 1934 a member of the Reich League for Air-Raid Security (Reichluftschutzbund). Both these organisations represented a minimal form of support for National Socialism.
32 An W. Wüst, 17.1.1939, UAM, E–II–N (Personalakte Kurt Huber).
33 Gutachten v. W. Wüst, 24.12.1937, UAM, E–II–N (Personalakte Kurt Huber), Bl. 52.
34 Niederschrift über die Sitzung der Engeren Fakultät 9.5.1935, Bl. 3, UAM, Sitzungsprotokolle Dekanat Prof. v. Müller.
35 Bundesarchiv Koblenz, NS 15/36, Hauptstelle Kulturpolitisches Archiv an NSD-Dozentenbund, 2.2.1938., zit. nach Claudia Schorcht: Philosophie an den bayrischen Universitäten 1933–1945. Erlangen 1990, S. 166. Ähnlich in Stab Stellv. d. Führers an Gauleitung München-Oberbayern v. 21.5.1938, BDC Personalakte Huber.

36 NSDAP–Mitgliedsnummer 8282981, Aufnahmedatum 1.4.1940 aufgrund eines Aufnahmeantrags v. 15.2.1940, BDC Personalakte Huber.
37 Mündl. Mittl. Hans Hirzels an die Verfasser.
38 Anklageschrift gegen Hans Scholl, Sophie Scholl und Christoph Probst v. 21.2.1943, zit. nach Petry, Studenten, S. 179.
39 Protokoll der Vernehmung Hans Scholls durch die Gestapo München, 20.2.1943, BAP ZC 13267, Bd. 2. Die Verhörprotokolle aus dem BAP werden nach unpaginierten Kopien in der Weiße-Rose-Stiftung, München zitiert. Rechtschreibung und Interpunktion sind dem heutigen Sprachgebrauch angeglichen.
40 Diesen Hinweis verdanken wir Fritz Schmidt, Augsburg.
41 An Fritz Stelzer, 7.8.1937, Privatbesitz, Kopie im Besitz der Verfasser.
42 1. Flugblatt, zit. nach Weiße Rose-Ausstellungskatalog, S. 43.
43 2. Flugblatt, zit. nach Weiße Rose-Ausstellungskatalog, S. 48.
44 2. Flugblatt, zit. nach Weiße Rose-Ausstellungskatalog, S. 48.
45 3. Flugblatt, zit. nach Weiße Rose-Ausstellungskatalog, S. 50.
46 2. Flugblatt, zit. nach Weiße Rose-Ausstellungskatalog, S. 46.
47 4. Flugblatt, zit. nach Weiße Rose-Ausstellungskatalog, S. 54.
48 4. Flugblatt, zit. nach Weiße Rose-Ausstellungskatalog, S. 54.
49 3. Flugblatt, zit. nach Weiße Rose-Ausstellungskatalog, S. 51.
50 3. Flugblatt, zit. nach Weiße Rose-Ausstellungskatalog, S. 51.
51 Das erste Flugblatt ist spätestens seit dem 27.6., die anderen seit dem 30.6., 4.7. und 12.7.1942 in Umlauf. Vgl. hierzu das Verzeichnis der Empfänger der „'Weißen Rose'", BAP ZC 13267, Bd. 1. Dieses Verzeichnis enthält ca. 40 Personen, die die zugesandten Flugblätter bei der Gestapo abgegeben haben. Vgl. Kemnitzer (i.V. Landrat v. Rosenheim) an die Gestapo/ Staatspolizeileitstelle München v. 4.7.1942, StAM, NSDAP 548.
52 Protokoll der Vernehmung Hans Scholls durch die Gestapo München, 20.2.1943, BAP, ZC 13267, Bd. 2.
53 Protokoll der Vernehmung Hans Scholls durch die Gestapo München, 20.2.1943, BAP, ZC 13267, Bd. 2.
54 2. Flugblatt, zit. nach Weiße Rose-Ausstellungskatalog, S. 46.
55 4. Flugblatt, zit. nach Weiße Rose-Ausstellungskatalog, S. 54.
56 Protokoll der Vernehmung Hans Scholls durch die Gestapo München, 21.3.1943, BAP ZC 13267, Bd. 2.
57 4. Flugblatt, zit. nach Weiße Rose-Ausstellungskatalog, S. 53.
58 2. Flugblatt, zit. nach Weiße Rose-Ausstellungskatalog, S. 46.
59 3. Flugblatt, zit. nach Weiße Rose-Ausstellungskatalog, S. 50.
60 3. Flugblatt, zit. nach Weiße Rose-Ausstellungskatalog, S. 50.
61 4. Flugblatt, zit. nach Weiße Rose-Ausstellungskatalog, S. 54.
62 Protokoll der Vernehmung Christoph Probsts durch die Gestapo München, 20.2.1943, BAP ZC 13267, Bd. 4.
63 Wittenstein, Münchener Studentenbewegung, IfZ Fa 215, Bd. 3, Bl. 229.
64 Hans Hirzel an P. Carnap v. 8.4.1982, Bl. 11, Privatbesitz, Kopie im Besitz der Verfasser.
65 Urteil des Prozesses gegen M. Eickemeyer u.a., zit. nach: Graf, Briefe und Aufzeichnungen, S. 276.
66 Mitteilung v. Manfred Eickemeyer, zit. nach Petry, S. 63.
67 An E., I. u. S. Scholl, 2.9.1942, Scholl, Briefe und Aufzeichnungen, S. 110.
68 Tagebucheintrag v. 20.10.1942, Graf, Briefe und Aufzeichnungen, S. 67.
69 Urteilsbegründung des Volksgerichtshofes gegen Alexander Schmorell u.a., zit. nach Petry, Studenten, S. 202.
70 Tagebucheintrag v. 28.8.1942, Scholl, Briefe und Aufzeichnungen, S. 128.
71 An L. Ramdohr, 7.8.1942, Privatbesitz, Kopie in der UBM, Slg. Schott.
72 An Marguerite Knittel, Januar 1943, Privatbesitz, Kopie in der UBM, Slg. Schott.
73 Herta Schmorell, Alexander Schmorell (MS, ca. 1988), S. 2, UBM Slg. Schott.
74 Tagebucheintrag v. 11.9.1942, Scholl, Briefe und Aufzeichnungen, S. 129.
75 An R. Nägele 10.9.1942, Scholl, Briefe und Aufzeichnungen S. 110.
76 Tagebucheintrag v. 28.8.1942, Scholl, S. 128.
77 Prof. Kurt Huber, Verteidigungsrede, zit. nach Petry, Studenten, S. 186.
78 An O. Aicher, 8.10.1942, Scholl, Briefe und Aufzeichnungen, S. 131.
79 Lilo Fürst-Ramdohr (MS, Mai 1983), S. 3, UBM, Slg. Schott.

80 An die Eltern, 5. 8. 1942, zit. nach Petry, Studenten, S. 68.
81 Petry, Studenten, S. 71.
82 Scholl, Briefe und Aufzeichnungen, S. 335.
83 Protokoll der Vernehmung Willi Grafs durch die Gestapo München, 26. 2. 1943, BAP NJ 1704/ Bd. 8.
84 Protokoll der Vernehmung Willi Grafs durch die Gestapo München, 26. 2. 1943, BAP NJ 1704/ Bd. 8.
85 Bericht Falk Harnack in: Scholl, Weiße Rose, S. 193.
86 Bericht F. Harnack in: Scholl, Weiße Rose, S. 193.
87 Erinnerung Heinz Bollinger, zit. nach Vielhaber, Gewalt, S. 29. Zu den Gebrüdern Bollinger siehe auch: Klaus–Michael Mallmann: Das zersplitterte Nein: Saarländer gegen Hitler. Bonn 1989, S. 32–42.
88 Auszug aus der Vernehmung Alexander Schmorells v. 25. 2. 1943 in: Vernehmung Prof. Kurt Hubers durch die Gestapo München, 26. 2. 1943, BAP NJ 1704, Bd. 7.
89 Protokoll der Vernehmung Prof. Kurt Hubers durch die Gestapo München, 27. 2. 1943, BAP NJ 1704, Bd. 7.
90 K. Huber, Leibniz der Deutsche und Europäer, in: Huber, Tod, S. 98–116. MS mit handschriftlichen Streichungen im StadtAM, Nachlaß Huber. Hierzu vgl. auch Georgi Schischkoff (Hg.): Kurt Huber als Leibniz–Forscher. Zur Erinnerung an den Münchener Philosophen und Tonpsychologen im „Leibniz–Jahr 1966". München 1966.
91 Protokoll der Vernehmung Prof. Kurt Hubers durch die Gestapo München, 27. 2. 1943, BAP NJ 1704, Bd. 7.
92 Protokoll der Vernehmung Prof. Kurt Hubers durch die Gestapo München, 27. 2. 1943, BAP NJ 1704, Bd. 7.
93 Prof. Kurt Huber, Verteidigungsrede, zit. nach Petry, S. 187.
94 5. Flugblatt, zit. nach Weiße Rose-Ausstellungskatalog, S. 55.
95 5. Flugblatt, zit. nach Weiße Rose-Ausstellungskatalog, S. 55.
96 Protokoll der Vernehmung Prof. Kurt Hubers durch die Gestapo München, 2. 3. 1943, BAP NJ 1704, Bd. 7.
97 5. Flugblatt, zit. nach Weiße Rose-Ausstellungskatalog, S. 55.
98 Protokoll der Vernehmung Willi Grafs durch die Gestapo München , 2. 3. 1943, BAP NJ 1704, Bd. 8.
99 Bericht Robert Mohr, in: Scholl, Weiße Rose, S. 227
100 Schaefer (Geheime Staatspolizei, Staatspolizeileitstelle München) an Reichssicherheitshauptamt Berlin v. 12. 2. 1943, BAP, ZC 13267, Bd. 1.
101 Gutachten Prof. Richard Harder, Bl. 1–3, BAP, ZC 13267, Bd. 1.
102 Protokoll der Vernehmung Sophie Scholls, [18. 2. 1943], BAP, ZC 13267, Bd. 3.
103 Protokoll der Vernehmung Sophie Scholls, [18. 2. 1943], BAP, ZC 13267, Bd. 3.
104 Protokoll der Vernehmung Harald Dohrns durch die Gestapo München, 2. 4. 1943, StAM, Staatsanwaltschaften 12530.
105 Protokoll der Vernehmung Wilhelm Geyers durch die Gestapo München, 10. 4. 1943, StAM, Staatsanwaltschaften 12530.
106 Protokoll der Vernehmung Wilhelm Geyers durch die Gestapo München, 5. 4. 1943, StAM, Staatsanwaltschaften 12530.
107 6. Flugblatt, zit. nach Weiße Rose-Ausstellungskatalog, S. 56.
108 6. Flugblatt, zit. nach Weiße Rose-Ausstellungskatalog, S. 56.
109 Dieser, laut Huber für ihn entscheidende Passus in seinem Konzept hätte nach dem fünften Absatz gelautet: „ Studenten, Studentinnen, Ihr habt Euch der deutschen Wehrmacht an der Front und in der Etappe, vor dem Feind, in der Verwundeten–Hilfe, aber auch im Laboratorium und am Arbeitstisch restlos zur Verfügung gestellt. Es kann für uns alle kein anderes Ziel geben, als die Vernichtung des russ. Bolschewismus in jeder Form. Stellt Euch weiterhin geschlossen in die Reihen unserer herrlichen Wehrmacht." Protokoll der Vernehmung Prof. Kurt Hubers durch die Gestapo München, 1. 3. 1943, BAP NJ 1704, Bd. 7.
109* This section of his draft, which according to Huber was vital, would have read as follows after the fifth paragraph: "Students, you have unconditionally placed yourselves at the disposal of the German armed forces, at the front and at the base, before the enemy, helping the wounded, but also in laboratories and at your desks. There can be no other goal for us but the destruction of Russian Bolshevism in every form. Continue your unanimous support for our glorious armed forces."
110 A. Probst zit. nach Weiße Rose-Ausstellungskatalog, S. 23
111 Lilo Fürst-Ramdohr, Freundschaften in der Weißen Rose (MS, ca. 1988), Kap. 5, S. 18. Zu den Vorgängen am 18. 2. 1943 vgl. Protokoll der Vernehmung Willi Grafs durch die Gestapo München am 26. 2. 1943,

BAZA NJ 1704, Bd. 8, Bl. 12f sowie Protokoll der Vernehmung Hans Scholls am 18.2.1943 durch die Gestapo München, BAZA ZC 13267, Bd. 2, Bl. 26f.

112 Bitte des Maschinenmeisters Jakob Schmid um Freilassung (o.D.), IfZ Fa 215, Bd. 3, Bl. 110. Zu den Vorgängen bei der Verhaftung der Geschwister Scholl vgl. Protokoll der Vernehmung Jakob Schmids durch die Gestapo München, 18.2.1943, BAP ZC 13267, Bd. 1.

113 Leitsätze zum NS-Recht, zit. nach Walter Hofer (Hg.): Der Nationalsozialismus. Dokumente 1933–1945. Frankfurt a.M. [26]1975, S. 101.

114 Leo Samberger, zit. nach Weiße-Rose-Katalog, S. 60.

115 Hierzu N. Hamasaspian: Erinnerungen an Alexander Schmorell (MS, Januar 1987), S. 6–9, Weiße-Rose-Stiftung München.

116 Prof. Kurt Huber, Verteidigungsrede, zit. nach Petry, Studenten, S. 189.

117 Prof. Kurt Huber, Verteidigungsrede, zit. nach Petry, Studenten, S. 189.

118 Prof. Kurt Huber, Verteidigungsrede, zit. nach Petry, Studenten, S. 185f.

119 Prof. Kurt Huber, Verteidigungsrede, zit. nach Petry, Studenten, S. 193.

120 Politisches Bekenntnis Prof. Kurt Hubers, BAP NJ 1704, Bd. 7.

121 Prof. Kurt Huber, Verteidigungsrede, zit. nach Petry, Studenten, S. 192.

122 Aus der reichhaltigen Literatur zur NS–Strafjustiz seien hier genannt: Lothar Gruchmann: Rechtssystem und nationalsozialistische Justizpolitik, in: Martin Broszat / Horst Möller (Hg.): Das Dritte Reich: Herrschaftsstruktur und Geschichte. München 1986, S. 83–103; Heinrich Rüping: Zur Praxis der Strafjustiz im „Dritten Reich“, in: Ralf Dreier / Wolfgang Sellert (Hg.): Recht und Justiz im „Dritten Reich“. Frankfurt a.M. 1989, S. 180–193; Eberhard Kolb: Die Maschinerie des Terrors. Zum Funktionieren des Unterdrückungs- und Verfolgungsapparats im NS–System, in: Karl Dietrich Bracher / Manfred Funke / Hans-Adolf Jakobsen (Hg.): Nationalsozialistische Diktatur 1933–1945. Eine Bilanz. Düsseldorf 1983, S. 270–284.

123 Rundschreiben der Reichsstudentenführung St 6/43 v. 23.2.1943 zit. nach Petry, Studenten, S. 220f.

124 Wittenstein, Münchener Studentenbewegung, IfZ Fa 215, Bd. 3, Bl. 232.

125 Li Magold, „Die Studenten brüllten Heil“. Leserbrief in der Süddeutschen Zeitung Nr. 302 v. 18./19.12.1965.

126 2.Flugblatt, zit. nach Weiße Rose-Ausstellungskatalog, S. 46.

127 Thomas Mann: Deutsche Hörer! Radiosendungen nach Deutschland aus den Jahren 1940 bis 1945. Frankfurt a.M. 1987, S. 101.

128 Die „Meldung wichtiger staatspolizeilicher Ereignisse“ Nr. 3 vom 16.7.1943 weist den Abwurf des Flugblattes im Bereich der Staatspolizeileitstellen Berlin, Dortmund, Münster, Düsseldorf, Köln, Kassel und Weimar nach. Die Deutsche Botschaft in Rom berichtete am 3.8.1943 über den Abwurf des Flugblattes in der Provinz Udine. Vgl. Klaus Kirchner (Hg.): Flugblattpropaganda im 2. Weltkrieg, Bd. 5 (Flugblätter aus England G–1943, G–1944), Erlangen 1979, S. 136, 409, 420f.

129 Ruth Andreas-Friedrich, Der Schattenmann, Tagebuchaufzeichnungen 1938–1945, Berlin 1947, S. 111ff.

130 Meldung des Reichssicherheitshauptamts v. 1.9.1944, DW, AN 329.

131 Mündl. Mitteilung M. L. Schultze-Jahns an die Verfasser.

132 Schultze-Jahn, Leipelt, in: Siefken, Weiße Rose, S. 69.

133 Schultze-Jahn, Leipelt, in: Siefken, Weiße Rose, S. 70.

134 H. Leipelt, Tod eines Kämpfers, SZ v. 8.3.1946.

135 Zur Biographie Hans Leipelts siehe auch: „...und ihr Geist lebt trotzdem weiter! Die Familie Leipelt aus Harburg–Wilhelmsburg 1938–1945. Schülerwettbewerb Deutsche Geschichte 1983. 2 Bde. (MS) sowie Candidates of humanity: Dokumentation zur Hamburger Weißen Rose anläßlich des 50. Geburtstages von Hans Leipelt. Bearbeitet v. Ursel Hochmuth. Hg. v. d. Vereinigung der Antifaschisten und Verfolgten des Naziregimes Hamburg e.V. Hamburg 1971. Einen knappen biographischen Abriß Wielands bietet Bernd Witkop: Erinnerungen an Heinrich Wieland (1877–1957), in: Liebigs Annalen der Chemie (1992), S. 1–32.

136 Breyvogel, Resistenz, S. 159.

137 Protokoll der Vernehmung Sophie Scholls durch die Gestapo München, 18.2.1943, BAP, ZC 13267, Bd. 3.

138 Protokoll der Vernehmung Hans Scholls durch die Gestapo München, 18.2.1943, BAP ZC 13267, Bd. 2.

139 Politisches Bekenntnis Kurt Hubers, 8.3.1943, BAP NJ 1704, Bd. 7.

140 Protokoll der Vernehmung Hans Scholls durch die Gestapo München, 20.2.1943 BAP, ZC 13267, Bd. 2.

141 Protokoll der Vernehmung Sophie Scholls durch die Gestapo München, 18.2.1943 BAP, ZC 13267, Bd. 3.
142 Das (von Hans Scholl zerissene) handschriftliche Original ist verloren. Probst rekonstruierte das Flugblatt aufgrund einer Abschrift sowie einer Photokopie des Flugblattentwurfes am 21.2.1943.
142* The handwritten original (torn up by Hans Scholl) has been lost. Probst reconstructed the leaflet on 21st February 1943, working from a transcript as well as a photocopy of the draft leaflet.
143 Dieser Satz konnte von Probst nur noch sinngemäß rekonstruiert werden.
143* Probst could only reconstruct this sentence roughly.
144 Aktenvermerk vom 27.2.1943, IfZ Ma 593, Bl. 13.

Zum Schluß sei denen gedankt, die zur Entstehung dieses Buches beigetragen haben: Den Archivaren, die uns die ihnen anvertrauten Bestände nicht nur in großzügiger Weise zugänglich gemacht, sondern durch ihre Hinweise die Benutzung vieler neuer Quellen erst ermöglicht haben. Besonderen Dank schulden wir Herrn Archivoberrat Dr. Weber vom Staatsarchiv München und Bibliotheksdirektor Dr. Schott von der Universitätsbibliothek München. Wir danken der Weiße-Rose-Stiftung München, die ihre Bedenken überwand und uns Kopien der Verhörprotokolle zur Verfügung stellte. Vor allem aber gilt unser Dank den Zeitzeugen, Freunden und Angehörigen der Toten, die uns mit Auskünften, Kritik und Bildmaterial unterstützten: Dr. Hildegard Hamm-Brücher, Clara Huber, Anneliese Knoop-Graf, Lilo Fürst-Ramdohr, Marie-Luise Schultze-Jahn, Inge Aicher-Scholl, Herta und Dr. Erich Schmorell, Hans Hirzel und Dr. Michael Probst. Für Anregung und Kritik sind wir Prof. Hans Günter Hockerts, Prof. Friedrich Prinz, Dr. Helmut Auerbach, Dr. Jürgen Zarusky sowie Franz Josef Müller für die Weiße-Rose-Stiftung verpflichtet. Für alle Freunde, die die Entstehung des Textes begleitet haben, seien Martina Müllner und Silke Schumann genannt.

Finally we would like to thank all those who contributed to the making of this book: the archivists who not only generously allowed us to study the materials entrusted to their care, but whose information enabled us to make use of many new sources. We are especially indebted to Herr Archivoberrat Dr. Weber of the Munich State Archives and to Herr Bibliotheksdirektor Dr. Schott of the Munich University Library. We are grateful to the Weiße-Rose-Stiftung Munich, who overcame their reservations and placed copies of the interrogation records at our disposal. Above all, however, our thanks are due to the contemporaries, friends and families of those executed who assisted us with information, criticism, and pictures: Dr. Hildegard Hamm-Brücher, Clara Huber, Anneliese Knoop-Graf, Lilo Fürst-Ramdohr, Marie-Luise Schultze-Jahn, Inge Aicher-Scholl, Herta and Dr. Erich Schmorell, Hans Hirzel, and Dr. Michael Probst. We are obliged to Prof. Hans Günter Hockerts, Prof. Friedrich Prinz, Dr. Helmut Auerbach, Dr. Jürgen Zarusky and to Franz Josef Müller of the Weiße-Rose-Stiftung for encouragement and criticism. Of the many friends who accompanied the progress of the text we would like to mention Martina Müllner and Silke Schumann.